高校智慧图书馆建设创新研究

鞠 晶◎著

中国戏剧出版社
CHINA THEATRE PRESS

图书在版编目（CIP）数据

高校智慧图书馆建设创新研究 / 鞠晶著. -- 北京：中国戏剧出版社，2024.5
ISBN 978-7-104-05501-3

Ⅰ.①高… Ⅱ.①鞠… Ⅲ.①院校图书馆－数字图书馆－图书馆工作－研究 Ⅳ.①G258.6②G250.76

中国国家版本馆CIP数据核字（2024）第105131号

高校智慧图书馆建设创新研究

责任编辑：周忠建
责任印制：冯志强

出版发行：	中国戏剧出版社
出 版 人：	樊国宾
社　　址：	北京市西城区天宁寺前街2号国家音乐产业基地L座
邮　　编：	100055
网　　址：	www.theatrebook.cn
电　　话：	010-63385980（总编室）　　010-63381560（发行部）
传　　真：	010-63381560

读者服务：010-63381560
邮购地址：北京市西城区天宁寺前街2号国家音乐产业基地L座

印　刷：	天津和萱印刷有限公司
开　本：	787mm×1092mm　1/16
印　张：	11.75
字　数：	210千字
版　次：	2024年5月　北京第1版第1次印刷
书　号：	ISBN 978-7-104-05501-3
定　价：	69.00元

版权专有，违者必究；如有质量问题，请与出版社联系调换。

前　言

高校智慧图书馆的建设水平直接关系到人才培养质量，因此图书馆建设对于高校的发展至关重要。随着信息技术、互联网技术和大数据技术的发展，图书馆建设也得以快速发展。目前，数字图书馆已经逐渐成为主流，这一趋势也为数字图书馆向智慧图书馆的转型提供了便利。

图书馆在发展过程中的一个重要阶段是智慧图书馆。在高校智慧校园建设中，智慧图书馆是不可或缺的一部分，其核心也是智慧服务。在智慧图书馆的建设中，需要重点强调高校的教育特色，最大限度地发挥其在培养人才方面的作用，从而解决图书馆建设中出现的难题，推动高校智慧图书馆快速发展。在国内外图书馆界，研究智慧图书馆已经成为热点，人们也越来越关注对智慧图书馆馆员的培养。因此，重要的是找到有效的途径来提高智慧图书馆馆员的相关素质，以满足高校智慧图书馆服务内容和服务模式的扩展需求。

随着相关技术和理念的不断更新，智慧图书馆的建设和运营也在不断改进，其概念和内涵也随之不断完善和扩展。目前，我国对于智慧图书馆的研究还处于初期阶段，针对其特点的探讨还比较抽象。智慧图书馆的特征已经在国内外的研究中得到了广泛的关注和探讨，研究方向主要包括资源建设、运营管理、技术应用及服务模式等方面。智慧图书馆是将传统图书馆通过数字化、网络化和智能化手段进行改造，从而实现提供个性化服务、整合纸质和数字资源、创建信息服务平台、共享信息资源和发掘信息资源等多种功能。这项服务独具特色，具备自动化、自助式、支持手机等移动设备、互动性强、高效、智能化等特点，为用户提供更加优质的服务体验。高校致力于培养学生的创新和应用能力，并将教学和科研作为核心任务。因此，为了满足更多人的需求，高校智慧图书馆需要扩大服务范围，提供更广泛的服务。

高校智慧图书馆知识服务是高校智慧图书馆服务的重要形式之一。它不仅可以拓展高校智慧图书馆的服务范围，而且可以提高高校智慧图书馆的服务质量和服务水平。高校智慧图书馆通过提供知识服务，能够更好地利用和分享教育信息资源。这种做法打破了传统的信息服务方式，创新的服务方法增强了高校智慧图书馆的核心竞争力。除了为学校教学和研究提供服务，高校智慧图书馆还向公众、企业、事业单位和其他组织开放库藏资源和设施。高校智慧图书馆为满足学生的需求，采取了一系列举措，如不断增加资源数量、增强信息平台建设、推广智能化管理、提高服务和研究水平等方面的优化工作。因此，高校智慧图书馆的服务形式和方式将产生重大变化，同时，其所涉及的领域也会更加广泛。

学科化服务指的是根据学科、专业或项目等来安排科技信息服务的工作方式，而不是单纯按照文献工作流程进行服务。它包含了针对特定学科或领域的深入理解和专业知识的应用，目的是提供更加全面、高效的科技信息服务。这项服务的宗旨在于提高服务内容的知识性，不仅限于简单的文献检索和传达，从而更有效地满足用户的需求和任务。与此同时，学科化服务也避免了仅限于特定阵地的问题，可以更广泛地支持各个学科和领域的用户。学科化服务的核心目标在于实现从图书馆系统到用户系统的转变，将信息服务融入科学研究，以确保信息服务的投入和考核始终与科学研究紧密相连，同时保持信息服务内容不变。图书馆在开展科学研究活动时不仅要对信息服务机构负责，而且要对科学研究本身负责，从而提高图书馆在科研领域的影响力。学科化服务是指以学科为中心，针对图书馆、科研机构和信息机构等提供服务的最新发展趋势和核心领域，其发展前景十分广阔，对学科化服务的研究具有重要的现实意义和战略意义。由于高校智慧图书馆是学科化服务最主要的主体，因此本书以"高校智慧图书馆"为主要研究对象，对涉及高校智慧图书馆学科化服务的方方面面进行深入、系统的研究。

在撰写本书的过程中，笔者参考了大量的学术文献，得到了许多专家、学者的帮助，在此表示真诚感谢。但由于笔者水平有限，书中难免有疏漏之处，希望广大同行及时指正。

鞠晶
2023 年 8 月

目 录

第一章 智慧图书馆概述 1
 第一节 智慧图书馆的概念 1
 第二节 智慧图书馆的特征与功能 2
 第三节 智慧图书馆的实现载体与主要构成 8

第二章 高校智慧图书馆建设概述 12
 第一节 高校智慧图书馆的架构与运行 12
 第二节 高校智慧图书馆建设的关键技术 18
 第三节 高校智慧图书馆建设的内容与原则 28
 第四节 高校智慧图书馆的资源建设 35

第三章 高校智慧图书馆的服务建设 42
 第一节 高校智慧图书馆服务的相关理论 42
 第二节 高校智慧图书馆服务创新的必要性 47
 第三节 高校智慧图书馆资源的整合、开放与服务创新实践 53

第四章 高校智慧图书馆的知识服务创新 66
 第一节 高校智慧图书馆的知识服务基础理论 66
 第二节 高校智慧图书馆的知识服务延伸情景 76
 第三节 创新理念下高校智慧图书馆的知识服务模式构建 121

第五章　高校智慧图书馆学科化服务创新·····················130
　　第一节　高校智慧图书馆基础学科化服务模式···············130
　　第二节　高校智慧图书馆学科化服务平台的构建···············151
　　第三节　高校智慧图书馆学科化服务的建设与模式创新···········165
　　第四节　高校智慧图书馆学科化服务的发展趋势——泛在图书馆·······170

参考文献··176

第一章 智慧图书馆概述

本章论述了智慧馆的基本情况，分别介绍了智慧图书馆的概念、智慧图书馆的特征与功能、智慧图书馆的实现载体与主要构成三个方面的内容。

第一节 智慧图书馆的概念

随着科技的不断创新和进步，图书馆的发展逐步推进，每一次重大变革都在渐进式的过程中实现。随着物联网的概念正式被提出且快速地在全球传播，智慧图书馆已经成为图书馆领域的新趋势，以数字化、网络化和智能化为特征，基于现代信息技术的智慧图书馆由数字图书馆和智能图书馆发展而来。

自从"智慧图书馆"这个概念推出以来，它一直备受人们广泛关注，且在该领域保持着良好的发展趋势。与其他学科相比，智慧图书馆的相关文献数量对于概念的描述并未出现明显增加，但对于概念的定义仍存在一定的争议，因此相关文献对概念的阐述仍然备受关注。研究人员通常会根据具有代表性的现有文献来完善他们的研究成果，这也使得该主题的定义变得更加全面。概念研究是图书馆各种模式演变的必然和紧迫的推动力。

在智慧图书馆研究兴起之前，"智慧图书馆"的概念就已经在图书馆领域被提出，这是顺应智慧城市发展趋势的新尝试和新突破。现代智能技术与传统图书馆的有机融合，创造出智慧图书馆，将高新技术与建筑艺术相结合，实现独特的发展。然而，智慧图书馆的研究和实践还存在一定的局限性，如过多地关注了建筑和技术方面的因素，而忽略了其他重要的因素。

华侨大学学者严栋于2010年在国内首次提出了"智慧图书馆"的概念[1]，为智能化图书馆在国内的研究和发展奠定了稳固的基础。在接下来的典型概

---

[1] 严栋:《基于物联网的智慧图书馆》,《图书馆学刊》2010年第7期，第8—10页。

念介绍中，突出了智慧图书馆建立在新兴的信息技术，如物联网和云计算上，与传统的图书馆相比，具备更高的智能化和更强的交互性。智慧图书馆的概念描述在作者选取不同角度的同时出现了差异，进而引发了新的思考和观点。

基于物联网、云计算、大数据等新一代信息技术，智慧图书馆是一种先进平台，以高质量的全媒体资源为核心，通过智能基础设施和高效管理，提供智能化服务。对研究热点进行数据分析，人们越来越认识到在智慧图书馆中重视人文关怀的重要性。图书馆馆员发挥着重要作用，因此应该注重其价值，并致力于为用户提供个性化、智能化服务，以满足用户需求并提高用户对图书馆的体验。这将有助于促进馆员与用户之间的协作，实现可持续绿色发展，并使其成为智慧图书馆观念中不可或缺的组成部分。

第二节 智慧图书馆的特征与功能

一、智慧图书馆的特征

智慧图书馆以用户为中心、以人为本的核心思想为基础，设计了一套能够满足用户需求的系统，以确保馆内智慧资源的充分利用。智慧图书馆不仅可以回应用户的已知需求，而且可以主动发掘和解决用户潜在的需求。这些要求被接受，旨在改善和完善智慧图书馆的服务，并为用户提供持续关注。为了达成这一目标，智慧图书馆必须整合前沿的信息技术，持续优化传统图书馆的架构，并利用最新技术满足现代智能服务的要求。为了提高服务质量，智慧图书馆应当同等对待各种媒介形式的资源，包括纸质和数字化文献等。在 20 世纪初，传统图书馆开始意识到以用户为中心或以用户需求为核心的重要性，但由于当时社会和技术条件的限制，无法完全实现这一理念。这就导致了智慧图书馆的出现，它具有以下四个主要特征。

（一）管理的智慧化

早在 20 世纪初，传统图书馆已经开始倡导以人为本或以用户需求为核心的理念，但由于社会和技术发展的局限，这种理念无法得到全面实现。传统图书馆的"以人为本"理念通常是指馆员关注自身能力提升，减轻工作负担，以及关注用户服务体验提升等方面。在大数据时代，智慧图书馆采集了所有用户的行为数据，并通过分析这些数据来洞察用户的潜在需求，从而提供更加高质量的服务。与传统图书馆不同，智慧图书馆不应该只依靠馆员的信息或只对少量用户进行调查。

随着信息时代的发展，图书馆数字化水平逐渐提高，可使用的文献资源不断丰富。首先，传统图书馆管理系统所使用的元数据标准并不充分，不能精确地描述所有资源的特征，仍有改进空间。此外，不同标准之间的转换问题一直困扰着图书馆行业，这导致了图书馆管理中资源统一管理的困难，迫切需要解决。其次，即使是纸质文献资源，传统的图书馆管理系统仍无法实现智能化管理模式。这表明文献资源空间和图书馆设备的管理仍然需要人工干预。因此，图书馆内的资源与其他管理系统在连通性上存在不足。如果不同的图书馆管理系统所管辖的资源不同，图书馆向用户提供服务将面临着很大的困难。同时，图书馆无法将电子资源的元数据信息就地存储，将给知识挖掘等增值服务带来很大的难题。最后，传统的图书馆管理系统无法有效应对这些新型资源，因为其最初的设计思路与智慧图书馆不同，即便进行不断更新、优化，整体架构仍然存在缺陷。智慧图书馆中的图书馆管理系统需要综合管理各种不同类型的资源，以确保统一的管理，并优先考虑用户需求，使用户在查找和使用图书时感受到一致的体验。

传统的图书馆管理系统除了在资源管理方面存在缺陷，还存在接口规范和标准不统一的问题。过去，图书馆管理系统通常由委托的专业公司处理，这些公司通常会提供几个模板供仓库选择，以便进行技术调整以满足实际需求，从而降低开发成本。因此，鉴于图书馆管理系统的固定架构，除非采用其他系统，否则只能对外包公司的员工进行部分的更新和优化，这并不能解决根本问题。此外，由于每个企业的图书馆管理系统可能采用不同的接口规范和标准，这也意味着不同的图书馆在需要资源共享或合作时可能会遇到不兼容的问题。如果图书馆决定开发自己的管理系统，将会消耗大量的资源。而如果选择外包，这对图书馆和公司双方都会产生相互促进的效果。这表明，在开发管理智慧图书馆系统时，图书馆需极其重视各种标准问题，最实用的途径是参与图书馆联盟或协会等组织，共同制定相关标准，以保证知识共享能够顺利实现，这样做可以避免因接口不匹配而产生的各种问题。

智慧图书馆的管理是非常全面和立体化的，能够有效整合多种不同类型的资源。智慧图书馆的馆员可以利用最先进的信息技术，如云计算和人工智能，对图书馆内的资源进行精细分析和处理，这样可以提高资源的利用价值，使用户能够获得更加方便的图书馆资源服务。另外，智慧图书馆可以通过收集用户的行为数据来预测用户的兴趣和喜好，同时还可以征求用户的反馈和建议，为用户提供更加个性化和贴心的服务。通过引入智能化、多元化的图书馆管理系统和模式，可以在维持原有含义的前提下，减轻馆员的工作压力，提高工作效率和图书馆管理质量，加强标准化。

（二）系统的智慧化

使用图书馆云服务平台可以降低图书馆在平台管理和优化方面的巨大费用，而不会影响其提供服务的质量。此外，传统图书馆的服务平台仅局限于为用户提供浏览和使用馆内资源的功能，新的云服务平台基于图书馆之间合作与协作的理念，可以为用户提供方便的访问图书馆和其他合作图书馆拥有的所有资源的途径。对于不能直接使用的资源，云服务平台将告知用户如何获取这些资源。在智慧图书馆统一了各种标准和接口规范之后，该平台不仅可以为图书馆节省大量存储空间，还可以提高数据的安全性，因为它可以在公有云和私有云之间实现协同架构。

在智慧图书馆系统的设计过程中，除了要充分整合新一代信息技术，交互性的优化也是至关重要的。当系统具备交互性时，用户可以通过与系统互动完成任务。为了提高用户的易用性，系统界面的设计需要考虑到人们的本能感受，尽量避免操作过于复杂，提高用户的学习成本。该系统利用人工智能和大数据技术预测用户的操作行为，可以提升用户体验，让用户的操作更加流畅舒适。除此之外，智慧图书馆系统可以由用户自行开发和改进，它具有用户交互功能，其源代码是开放的，通过活动奖励或其他方式招聘开发人员或组织，节省系统开发成本，加快开发进程。用户自己开发的系统更符合用户的需求。相较于传统的图书馆系统，智慧图书馆系统具有更好的可扩展性。用户可以根据需要自由搭配功能模块，实现数据和应用之间解耦，让模块实现"热插拔"，方便随时更新和增减。

（三）服务的智慧化

智慧图书馆服务具备智慧化的属性和特征，使用射频识别（RFID）技术可以有效地管理和保障文献资源的空间安全，可以轻松识别和记录文献资源的出入库情况。采用全球定位系统（GPS）技术使馆员或读者能够迅速、准确地定位文献资源的位置。采用红外感应（IR）和实时监控（RTA）技术，可以有效地确保文献资源的安全性。合理地利用智慧图书馆的智慧化属性和特征，可以提高图书馆运营效率，简化文献检索流程，减轻馆员工作负担，同时确保图书馆设施和文献资源免受损坏和盗窃，有助于降低成本和防止文献资源遗失。除此之外，智慧图书馆还可以利用人脸识别技术管理馆内状态和读者导向；智能传感器还能够自动调整馆内的温度和湿度等环境参数；通过智能服务机器人的帮助，读者可以在进馆时迅速获得指引，快速前往想要到达的区域。最重要的是，通过结合大数据和读者个人数据，智慧图书馆还能为读者提供个性化的阅读推荐服务。

　　智慧图书馆的服务将最新的信息技术与传统图书馆服务相融合，同时配备智慧化馆员，以满足用户的个性化需求。其特点在于其智慧化的服务方式。[①]首先，图书馆可以进一步智慧化其服务，采用人工智能和大数据技术来实现。与传统的统计调查相比，大数据拥有更广泛的考虑因素、更多样的数据类型和更大的样本规模。其次，大数据和可视化技术的结合，能够以更加直观的方式展示各种不同类型的数据，并有助于更准确地预测数据的演变趋势。最后，当这些技术与人工智能结合起来，图书馆就可以更全面地了解用户的行为习惯，进而实现对用户行为的分析、预测和优化决策，提升服务水平。还有一个方法，就是采用全面立体化的管理来提高图书馆的资源服务智慧化程度。智慧图书馆的资源管理方式更具高效性，能够充分利用资源，相较于传统图书馆更具优势。为确保文献资源的持续完整性，传统图书馆收藏了大量书籍，其中许多只提供给少数读者阅读。[②]通过智慧图书馆与其他图书馆的合作，可以充分利用资源，让只能提供给极少读者的文献得以在多个图书馆分享。这种合作能够实现资源的互补分散，带来更多的好处。在推荐阅读方面，较为先进的信息技术可以提供更为个性化的服务，更符合用户需求。此外，用户还可以享受交互式的服务。

---

　　① 刘宁、许征尼、蔡建军等：《浅谈图书馆智慧服务文化构成要素》，《图书馆工作与研究》2014年第11期，第21—23页。

　　② 张娟：《传统图书馆到智慧图书馆的转型分析》，《黑龙江科学》2019年第15期，第80—81页。

（四）功能的智慧化

智慧图书馆功能的智慧化体现为不断将服务个性化和智能化，同时新增服务。从 21 世纪开始，图书馆不仅担任文化机构的职能，还扮演着社会公共服务的角色。随着时间的推移，各个图书馆的社会公共服务职责也将根据不同的趋势变化进行相应的调整。高校图书馆的首要职责是为周边社区和本校学生提供知识支持和服务。此外，它还专注于为学习和交流提供便利的场所。各个公共图书馆因其专题而呈现出独特的特色。例如，湖北省图书馆不仅提供传统的图书服务，还设有电影观赏区和儿童活动区，使读者可以享受到更丰富的文化娱乐体验。图书馆承担着传播文化的重要职责，其本质在于满足人们对知识的需求。除了传统的文献资源，图书馆还可以采取更多元化的形式来实现这一目标。相对于传统图书馆，智慧图书馆更注重丰富读者的休闲体验，除了传统的阅读和讲座，智慧图书馆还通过观影活动、各类体验活动等方式来填补休闲娱乐方面的空白。

尽管智慧图书馆安装了智能化的设备，但基本的职责——收藏和借阅图书，仍然是必不可少的。因此，即使传统图书馆转型成为智慧图书馆，也不能在一个场馆内提供过多种类不同的活动或体验项目，否则可能会影响其核心功能。智慧图书馆应该更好地发挥其文化传播的作用，通过多元化的服务平台，为公众提供丰富多彩的文化服务。同时，还要加强项目管理，确保公众享受到高质量的文化服务和教育体验活动。在图书馆里，除了可以借阅图书，还可以积极参加各类活动，例如，参加信息素养教育、VR/AR 体验活动等项目；有机会与消防系统合作，参与紧急灾害避险教育活动；与博物馆、科技馆合作，共同举办科普教育活动。

二、智慧图书馆的主要功能

智慧图书馆不仅提供了传统图书馆所能提供的文献信息资源，它的服务范围已经扩展到了社会的各个领域。智慧图书馆是一种高级的图书馆模式，主要包含以下三个方面的功能。

（一）全方位、立体化资源管理

图书馆的信息资源分布广泛，馆员需要通过各种信息处理和管理系统，整合、描述、关联和维护信息资源，让用户更方便地查阅和利用资源。用户可以通过互动式、综合化的服务平台，便捷地在海量数据中寻觅所需的信息资源，并利用智能技术将已获得的资源储存起来。①

（二）智能定位及侦测防护功能

智慧图书馆采用 RFID 技术、红外线感应和 GPS 技术来帮助用户轻松找到需要的书籍，并精确监测馆内用户和设施的位置，从而保证文献和设备不易丢失，使图书馆运营更加顺畅。智慧图书馆通过利用 RFID 技术来实现馆藏文献的个性化导览和借阅率统计等功能，并进行行为侦测。个性化导览是利用手持移动导览装置，通过接收馆藏文献的 RFID 标签发射的信号，提供个性化服务的一种方式。该服务会根据用户的需求进行个性化定制，以满足用户的需要。通过对借阅率进行统计分析，深入了解用户对馆藏文献的兴趣偏好；用户搜集个性化信息可以帮助图书馆掌握用户需求的特点，从而打下更加坚实的服务基础，争取在未来提供更加优质的服务。②

（三）个性化与人性化的智慧服务

相对于传统的图书馆，智慧图书馆具备更多样化和便捷的资源利用和服务手段。智慧图书馆的资源覆盖面更广，智能化程度更高，而且还能够根据用户的喜好提供个性化的服务。此外，智慧图书馆还可以让用户自主互动，增强信息服务的全面性和立体感，以更好地满足用户的信息需求。智慧图书馆利用先进的智能技术，将用户需求置于核心地位，以人类生活为中心，不断推动自身创新发展。借助人性化的理念，智慧图书馆可以提供更为丰富、广泛的选项供用户选择，且提供更为便捷、高效的服务方式，同时还能采用更加灵活多样的手段来提供服务。信息定制服务和信息定向推送服务都属于个性化服务的范畴。信息推送服务的最大优点在于，一旦用户输入请求命令，就可以按照用户先前选择的专题定期收到所需的信息。信息定制服务可以被描述为一种个性化解决方案，它不仅提供基础的定题服务，还针对每位图书馆用户的独特需求，设计并提供定制化的信息资源、服务方式和信息利用过程，采用了信息定制技术，可以轻松地满足用户对不同信息的多种需求。这

---

① 陀向明：《智慧图书馆的服务模式的探索研究》，《内蒙古科技与经济》2014 年第 19 期，第 123—124、126 页。

② 王黎：《基于 RFID 的智慧图书馆服务模式研究》，《科教导刊（中旬刊）》2013 年第 20 期，第 242—243 页。

种服务改变了原本"人找信息"的形式，转而让"信息找人"，因此增强了图书馆的信息服务能力。

人性化服务提供了多种选择，既可以选择自助服务，也可以选择人工服务。此外，还提供了多种服务方式，包括邮件和手机，根据需求，还可以选择基于RFID技术的电子标签，以及相应的使用模式。RFID图书自助系统可以让用户随时自助借还图书，不再受到时间的限制，让用户可以享受到更加多元化、灵活的服务。

第三节 智慧图书馆的实现载体与主要构成

一、智慧图书馆的实现载体

（一）感知技术

目前，各种感知技术被广泛应用于智慧图书馆的建设中，如RFID、紫蜂（ZigBee）等。其中RFID技术是这些感知技术中最典型的代表。图书馆中常见的应用RFID技术的方式是使用RFID标签，主要用于图书的分类整理、自助借还和藏书盘点等。这些任务主要针对各种馆藏资源，目的是提高工作效率。这些感知技术已经对用户和图书馆产生了深远的影响。感知技术将实体空间和虚拟空间融合，为用户提供了更加便利的图书馆交互和连接体验。这样做不仅简化了资源获取，还通过创新的获取方式提升了用户的使用体验。此外，此技术还能够根据用户个性化的需求和偏好来提供定制化的服务。通过应用感知技术，图书馆的自动化运营得到了进一步改善，有效提高了整体运营效率和管理水平。相应地，馆员不再需要进行繁重的工作，进一步提升了图书馆的服务能力和效益。

（二）传感技术

智慧图书馆采用传感技术和建筑物相结合的方法，构建了智慧馆。采用多种类型和功能的传感器连接到物联网，并实时收集、监测数据。通过物联网，可以远程触发光照、温度、通风等系统的操作，如使用电子可控伸缩式屋顶窗帘技术，实现了对光度、温度、湿度、空气质量、声音等方面的控制。使用智慧馆系统可以实现对馆内建筑的动态管理，提高效率，最大限度地减少能源消耗，并降低图书馆的运营成本。安装传感器系统使得图书馆能够获取有关人员、行为和建筑物状况的数据。这些信息可以通过以表盘为形式的方式展示，以反映当前图书馆的实时状况。另外，在智慧图书馆中，传感技术还可以给用户提供路径导航服务。

（三）人工智能

如今，人工智能技术备受瞩目，被视为一个重要的前沿技术。它以机器学习为基础，运用大量数据进行训练，以模拟人类意识和思维中的信息处理过程。机器能够替代需要人类才能完成的复杂工作是人工智能的核心目标，其应用范围包括智能机器人、语音识别、机器学习平台、生物特征识别技术等。由于人工智能能够高效地处理规模大、重复性高的标准化任务，因此它已成为智慧图书馆中不可或缺的关键技术，并与其他技术相互交互和协同。目前，在智慧图书馆中，机器人是人工智能应用的主要代表。这样的机器人在图书馆能够根据实际情况迎接客人，提供讲解、导航等。例如，国家图书馆的"小图"，上海图书馆的"图小灵"，以及深圳宝安图书馆的书籍分类和运输机器人。此外，中国知网数据库中也运用了人工智能的技术，提供了可视化图谱功能，能够生成用户检索需求相关的多种类型的信息，如文章作者、发表时间、主题等。这项技术可以让用户更深入地研究文献内容，也为智慧图书馆的发展提供了一种新思路：馆方可以借助其资源优势，为用户提供简单易懂、直观明了的信息呈现服务。

（四）读者与馆员

无论图书馆发展到哪个阶段，其本质属性不容忽视，即图书馆是由人管理、并为服务人类而存在的。技术和资源的存在目的在于被人类利用。长久以来，图书馆一直致力于积极拓展馆藏资源。然而，因为这些资源的获取难度相对较大，且资源相对有限，人们对图书馆的价值和意义逐渐变得不那么重要了。据北京大学信息管理系教授王子舟所言，读者作为一种活态资源，对于图书馆来说具有隐蔽性和不稳定性。[①] 同为北京大学信息管理系教授的刘兹恒认为，图书馆的任务是提供优质服务，而服务的质量并非由技术或设备

---

① 王子舟、吴汉华：《读者既是图书馆的服务对象也是活态资源》，《图书馆杂志》2009年第9期，第10—15、32页。

决定，而取决于馆员的素质。[①] 在图书馆事业的发展中，将人类置于核心地位的信念是至关重要的导向原则。在这种理念的指引下，读者和图书馆馆员将被视为图书馆最有价值的财富，也将成为推进智慧图书馆非技术方面的主要动力。

二、智慧图书馆的主要构成

（一）服务

智慧图书馆可以利用感知和分析用户需求，实现与用户精准匹配，为用户提供最符合需求的资源，使得用户在适当的时间、地点和方式下获取所需的相关服务。这种服务体验体现出个性化和交互式的特点。在充满智能化和自动化技术的时代，智慧图书馆能够整合不同来源的数据，识别用户所在的线上或线下环境，分析他们对资源的需求，以个性化反馈的方式主动提供服务，无须用户明确要求或完整的搜索指令，以此来实现卓越的图书馆服务。目前，一些智慧图书馆已经可以实现跨地区和跨类型的图书馆之间的馆藏文献和资源链接。同时，这些智慧图书馆还能够无缝地衔接前台和后台，让用户和图书馆平台之间实现完美连接。为满足用户的需要，智慧图书馆将根据具体情况制订相应的空间规划和设备购置方案，并提供个性化的推荐和信息，促进信息和知识的共用和共享。目前，智慧图书馆服务正逐步向协助用户独立查询信息资源的方向发展。通过智慧图书馆提供的各种智能设备，引导用户逐步建立自己的知识获取方式，培养用户有组织地获取信息的能力。

（二）管理

在管理方面，智慧图书馆通过人、物和数据之间的多方互动来实现。通过对各方数据的利用，智慧图书馆能够自动、实时、定期评估图书馆的运作情况，并给出动态的改进建议，以提升决策和服务水平，从而实现预期的目标。智慧图书馆的实际体现包括：用户积极参与决策，管理流程自动化，以及对图书馆大数据进行实时分析。这种管理方法的核心目标在于汇总馆员、用户和机构之间相互反馈和互动的信息，以便建立一种适用于图书馆学研究和业

---

① 刘兹恒：《大众创新背景下的图书馆学研究》，《山东图书馆学刊》2017年第1期，第113—115页。

务工作的通用方法。采用这种管理方法,图书馆能够持续提高业务水平、提升用户获取相关信息和公共服务的质量。此外,图书馆的决策者可以充分利用智慧图书馆所拥有的信息资源,将其有机融入广泛的信息生态系统,与用户及其他多方信息机构相互交流,从而成为该生态系统不可或缺的重要组成部分。采用这种方法能够摆脱传统的被动和孤立的管理方式,使图书馆的决策者能够更加积极主动地作出决策。

(三)馆员

英国学者伊安·约翰逊说过:"除了智慧的图书馆馆员,没有人能创造出智慧图书馆。"[①] 因此,智慧的图书馆馆员将成为这个有机体的关键组成部分。相较于工厂的流水线作业,图书馆的主要作用是作为信息交流的场所。除了作为存放书籍和数据库的场所,图书馆还代表着人类社会的道德信仰、伦理标准和法律规定的具体体现。这些社会理论问题是无法通过技术装置得到解决的。因此,在智慧图书馆的发展中,馆员依然扮演着至关重要的角色,负责日常运营和履行各项职责。目前,参与打造智慧图书馆事业的图书馆馆员越来越多,他们拥有出色的职业品质和专业素养。引入馆员是图书馆逐步摆脱过去由于人员缺乏而导致低水平重复建设的方式,同时也是在不断发展的技术环境中保持和加强人文情怀的一种举措。

---

① [英]伊安·约翰逊:《智慧城市、智慧图书馆与智慧图书馆员》,陈旭炎译,《图书馆杂志》2013年第1期,第4—7页。

第二章 高校智慧图书馆建设概述

本章主要介绍了四个方面的内容,依次是高校智慧图书馆的架构与运行、高校智慧图书馆建设的关键技术、高校智慧图书馆建设的内容与原则、高校智慧图书馆的资源建设。

第一节 高校智慧图书馆的架构与运行

一、高校智慧图书馆的基本架构

高校智慧图书馆的用户主体是全校师生,此外,还有可能为校外用户提供信息服务。高校智慧图书馆的框架根据其定位,可分为系统层、资源层、应用服务层三个大类,具体分析如下。

(一)高校智慧图书馆的系统层

1. 技术层

技术层为高校智慧图书馆提供技术支持,是系统层的技术来源。它主要包括互联网技术、物联网技术、云计算技术、大数据技术、资源整合技术、社交网络技术和移动通信技术。

2. 系统层

系统层是为高校智慧图书馆的各种应用提供基础支持的安全系统,所有的应用服务都需要通过系统层来实现,主要包括数据管理层、数据分析层、统一认证系统、移动图书馆、信息共享系统和数据库系统。

3. 感知层

感知层为高校智慧图书馆运行提供基础数据采集和环境感知,主要包括

RFID感知、二维码认证、声音感知、光度感知、温度感知、湿度感知、烟雾感知和智能定位。感知层是高校智慧图书馆的"神经系统",能够及时地反馈外界数据,以帮助高校智慧图书馆及时地根据外界变化而作出反应。

(二)高校智慧图书馆的资源层

高校智慧图书馆的资源层为高校智慧图书馆提供内容资源,是组成高校智慧图书馆的"血液和肌肉"。

1.数据层

数据层提供高校智慧图书馆所需的各种数据,包括原生数据(图书馆原有的或购买的数据)和再生数据(图书馆各个主体在使用图书馆过程中产生的数据),主要有馆藏结构化数据、馆藏非结构化数据、馆外资源数据、用户行为数据、管理行为数据和感知系统数据。

2.资源层

资源层提供用户所需的各种资源,是高校智慧图书馆信息资源的主体,主要包括印刷资源、数字资源、数据库资源、馆外信息资源、多媒体资源和数据资源(学术数据资源)。

(三)高校智慧图书馆的应用服务层

应用服务层是实现高校智慧图书馆价值最主要的平台,其主要服务对象为图书馆管理和相关应用主体。

高校智慧图书馆各项应用的成功实现离不开应用层,这一层是实现高校智慧图书馆的核心系统之一。应用层中涵盖了多种类型的智能系统,包括智能感知系统、资源管理系统、管理智能系统、学习智能系统、图书馆馆员智能系统和服务智能系统等。

高校智慧图书馆的核心价值在于其服务层,服务层涉及的参与者主要有参与主体,包括图书馆馆员、校内外用户和合作伙伴;服务平台和终端,包括内部网络平台、互联网平台、移动应用平台和智能显示平台。图书馆虽然是公益机构,但现代图书馆特别是高校智慧图书馆也有一些面向用户深度需求的服务,特别是面向系统外用户的深度知识服务。

二、高校智慧图书馆应用系统建设

应用系统是图书馆的窗口,是直接面向一线服务的平台,是满足智慧图书馆参与主体的应用需求和支撑高校智慧图书馆各项业务开展的重要保障。高校智慧图书馆的应用系统既应当延用数字图书馆、虚拟图书馆等原有的系统，又应当在技术创新和服务创新的基础上发展新系统、新模式。

（一）智慧感知系统

智慧感知系统是高校智慧图书馆的基础应用系统，通过各种感知手段获得各种感知数据，并应用于实际业务的运作，主要包括图书馆运行状态感知系统和智慧环境感知系统。

1. 图书馆运行状态感知系统

图书馆运行状态感知系统利用电子显示屏、感应器、电子摄像头和互联网、移动通信网络等软硬件设备，来实时监控图书馆运行情况，并及时传递和接收信息，主要包括图书馆人流量信息、读者到馆信息、图书期刊借还信息等。系统能够根据一定时间内用户使用图书馆资源和服务的信息，及时计算并作出反应，方便图书馆进行资源建设和读者服务工作的调整。

2. 智慧环境感知系统

智慧环境感知系统主要是利用物联网技术对图书馆各个功能空间和图书馆分馆馆舍空间进行实时的环境监控和感知，包括对光照、温度、湿度、烟雾、声音等进行监测，及时返回数据，以供图书馆管理中控系统及时对环境变化作出应对。

光度感知要及时掌握馆内各个空间的日光照射情况，并根据需要调整光线进入的多少。为了确保阅览室和馆藏室始终处于适宜的温度范围内，需要进行监控，并进行温度调节和湿度监测，控制湿度在适宜的水平；需要及时实时感知敏感区域和重要馆藏场所的烟雾情况，从而在火灾萌芽阶段及时采取措施进行扑灭。声音感知功能在于及时察觉周围的声音信息，以便在出现意外情况时能够及时做出必要的应对措施。

通过智慧图书馆的智能环境感知系统，可以实现自动调控电力、水资源等，从而实现节能降耗的目标。这一系统具备光照、室内外温度和人员密集程度等多种感知能力，可以根据不同情况作出相应的调节和控制。同时，通过图书馆运行状态感知系统，可以有效控制威胁图书馆安全的事件的发生，同时达到了智能安防的效果。

（二）智慧资源系统

智慧资源系统是高校智慧图书馆存在的根本，是智慧图书馆最重要的内容。它包括以下 4 个子系统。

1. 知识发现系统

知识发现（Knowledge Discovery in Database，下文简称 KDD）旨在根据需求从这些信息中获取知识，以免让使用者被原始数据的复杂细节所困扰。具体而言，KDD 将在数据中挖掘出有价值且易于理解的信息，以方便向用户传递知识，包括数据仓库、资源整合、知识挖掘、数据分析多种技术手段。这些技术解决了异构数据库集成的复杂问题，实现了快速、准确、可靠的学术资源搜索。知识发现系统通过分类、引文分析、知识关联分析等技术手段，成功地挖掘出高价值的学术文献，实现了深度知识挖掘，通过知识关联的全面可视化展示，使相关知识更加生动。

2. 数字资源定位系统

通过数字资源借阅终端，用户能够轻松地查看数字资源的分布情况，并自由地根据个人需求使用这些资源。

3. 统一检索系统

通过统一检索系统来提供更加全面、快捷、个性化的服务，进而优化图书馆的使用体验，建立一个高度符合读者需求的图书馆，增强读者的忠诚度。这个系统要支持与互联网账户的自动对接，让用户可以方便地使用自己的社交账户来登录；实现书评网和网上书店之间的相互链接；提供针对个人偏好的图书借阅排行和定制的新书推荐服务；提供方便、快捷的期刊索引和推送方案。

4. 特色资源管理系统

运用数字化技术对图书馆珍贵的特色资源进行加工处理，以便建立起易于查询、管理规范的特色资源服务体系。为了更好地满足用户的需求，通过云服务平台提供资源链接服务。特色资源是指具有独特历史、文化、教育或科技价值的资源。为了更好地推广和分享这些特色资源，可以建立资源共享平台。

（三）智慧学习系统

智慧学习系统是一个综合性网络教育平台，它不仅提供在线教学、辅导、自学、技能磨炼等教育服务，提供图书馆资源、学生培训、师生交流、测试、考核等涵盖教育全周期的服务。该平台还可以提供教学辅导服务，供学生和教师随时使用。同时，系统管理员可以监控学习活动，记录学习进度和情况，以促进学习效果。通过此系统，管理员得以协调各项学习活动，以及学员的学习进展。

慕课是一种新兴的在线课程，具有大规模和开放性的特点。智慧图书馆用户可以通过网络学习平台在线接受慕课教育，这种模式有利于把其他学校优质的教学资源与优秀的图书馆在线平台结合起来，从而更好地为用户提供服务。

（四）智慧馆员系统

智慧图书馆的兴建，要求图书馆馆员扩展自己的知识领域，成为各种智慧应用系统的专业人士，并具备解决读者难题的专业技巧。智慧图书馆成功运营的重要基础在于发挥关键作用的智慧馆员系统，否则图书馆整体管理和服务水平将无法得到显著提升。以下是构建智慧馆员系统所需的4个关键要素。

1. 馆员工作站业务系统

馆员工作站业务系统是核心系统，旨在协助图书馆馆员管理图书业务。这个系统能够协助图书馆馆员核实书籍信息、统计图书数量、记录借出情况等。在开发过程中需要考虑高校图书馆的实际需求，进行定制化开发。

2. 智慧馆员培训系统

要使馆员具备智慧化素质，传统馆员必须接受学习和培训。智慧馆员培训系统的搭建，为馆员提供了一个便利的学习机会，这是实现升级转型的必要步骤。学习平台不仅能满足集体培训的需求，还可以满足个人自主学习和培训的需求。

3. 馆员任务管理系统

馆员任务管理系统是针对图书馆馆员的任务开发定制化的任务管理系统。系统根据内部工作需求，对任务进行动态拆分和管理，提高作业管理水平和执行效率。

4. 馆员综合管理系统

图书馆馆员综合管理系统是图书馆馆员对考勤、业绩、岗位等级、财务收支等各项业务进行自我管理和自助处理的信息系统。

（五）智慧社交系统

信息技术飞速发展，在改变人们的生产方式的同时，也在不断改变着人们的生活方式。尤其是在大学生群体中，移动社交功能应用越来越普遍，学生之间联系的桥梁由以前的打电话、发短信逐渐变为利用社交软件等手机应用来实现。具备强大的智慧社交功能既是智慧图书馆建设的重要目标，也是迎合新一代读者发展需要的必然选择。智慧社交系统的建设要以"为读者提供融学习、社交和娱乐于一体的城市空间"为基本理念，结合O2O（Online To Offline，即线上线下）融合发展的思路，为读者提供全方位支持。智慧社交系统的建设内容主要有以下4点。

1. 微信服务平台

拓展高校智慧图书馆微信服务平台的功能，以更全面、丰富的方式与读者互动，促进图书馆与读者之间的紧密联系。主要目的是让用户能够通过微信直接进行图书借阅和场馆预约等操作，将微信账号和借书证号进行关联；通过微信账号管理个人图书馆，能够方便地获取个人信息，实现即时响应；通过微信可以轻松获取馆内外的数字化图书、电影和其他资料资源；使用微信支付来支付逾期罚款、复印费以及其他相关费用；微信提供了预订讲座、影视节目和演播会的座位的服务；因学科进展需要，建立微信群。

2. 读者评价系统

设立读者评价系统，为读者开设一个平台，让大家畅所欲言，分享读书经验。此外，读者还可以通过参与评价获得积分奖励，激发其积极性和责任感，这将有助于推动更多读者参与评价活动。馆方鼓励读者对书籍评价进行深入、严谨的探讨，以便提升评价的质量。

3. 读者荐购系统

读者可以通过荐购图书的方式，向图书馆推荐一些符合采购规定且受到读者欢迎，但尚未收录在馆藏中的图书。图书馆可根据实际情况安排采购。

4. 合作客户渠道

主要目的在于将不同类型的合作伙伴联系在一起，涉及出版商、书店、地方文化机构、其他图书馆及其他与图书馆有业务往来的机构。通过网络渠道的建立，为深化合作、简化流程提供技术支持。

（六）智慧服务系统

智慧图书馆以智慧服务为核心特点，不仅利用最新技术创新提供智能服务，还将传统服务智能化，满足用户需求。以下是智慧服务系统的3个子系统。

1. 自助服务系统

自助服务是智慧图书馆的一个显著特点，即用户能够自主地进行查找、借还书籍等操作。自助服务可以让读者自主选择服务，并提升图书馆的服务效率和水准。自助服务项目包括：自助办理证件；自主复印、打印、扫描；预约可以在自助馆内的公共区域进行；通过独立检索电子资源以收集信息；可以自行缴费。这不仅进一步方便了读者，而且使图书馆馆员更加专注于提供专业化服务。

2. 移动图书馆

移动图书馆利用现代移动通信网络、互联网和多媒体技术，为用户随时随地提供图书馆服务。读者可以使用各种便携式移动设备，随时随地查询和浏览图书馆资料，包括图书馆的所有纸质书籍和电子资源。图书馆的移动设备可以让读者完成多项服务，并享有图书馆提供的各项优惠。图书馆需要特别关注如何优化手机客户端访问的公共联机检索目录系统，借助移动应用软件，读者可以轻松实现一系列核心功能，如基本搜索、获得图书信息、在线阅读、接收新书通知等。此外，还具备提醒用户借阅期限和催促用户归还图书等功能。

3. 个性化定制服务

根据读者的兴趣爱好、职业特性和所处地理位置等因素，量身定制个性化服务，以满足其需求。针对个人的需求和阅读偏好，提供量身定制的图书推荐服务；服务定制化订阅电子期刊；提供针对不同人群个性化的演讲或讲座；推出量身定制的科技查新服务；定制化的电影、电视媒体娱乐体验。根据读者的需求和反馈，持续改进个性化定制服务，研究新的服务项目和模式，努力让读者能够更好地实现个性化需求。

第二节 高校智慧图书馆建设的关键技术

一、感知识别层技术

（一）传感器技术

在高校智慧图书馆感知层中使用的传感器，其主要功能是借助对信号或者刺激的一系列接收，从而将自然环境或者生产环境中需要测量的物理和化学参数进行转化并正确输出。随着物联网技术的发展，物联网环境下新的智能传感系统应运而生。在物联网的背景下，传感器的主要功能是对物体与设备进行有效感知。现如今，这些传感器主要包括用于视觉的光敏传感器、用于听觉的声敏传感器等，这些传感器中的一种或者几种是专门针对某一具体对象设计的，它们可以被视为机器的感知器官，人们通过对其的灵活运用能够及时获取来自外部的信息。传感器是实现"万物互联"不可或缺的基础条件之一。随着智能地球技术的不断发展和智慧地球建设的推进，各种行业，如环境保护、深海探测等都开始广泛采用传感器技术，且均综合运用了多种不同的传感器。需要注意的是，传感器技术和RFID技术仅是信息采集技术的一部分，不能与物联网完全等同。因此，物联网的概念也是以"感知"为主，而非传感和识别。红外技术、激光技术以及其他技术都是物联网信息采集技术的一部分，它们都具备自动识别和物物通信的能力。

（二）RFID技术

RFID技术利用射频信号及其在空间中的耦合和传输特性，能够自动地识别静态或动态的物体，这种技术现如今主要以芯片的方式存在。同时，它将成为未来图书馆信息传递和资源共享不可缺少的手段之一，具有广泛的应用前景，如通过在图书馆内的书籍和设备中嵌入RFID芯片，可以减少人工干预，实时监控图书馆的各种活动和工作，根据实时反馈数据，采取不同的智能化、灵活化措施，实现高效的自动化科学管理，从而节省自助借阅、图书定位等资源。此外，读者的个人资料也可以嵌入芯片内，以便每位读者的资料可作为其身份的唯一标识符。通过这一标志，读者可以轻松识别图书馆的各种服务，如借阅记录、学习状况等，为读者提供自助式、智能化的服务体验。同时，图书馆有能力提供适合每个读者独特身份的信息资源。RFID技术被认为是高校智慧图书馆的核心技术支撑，其在高校智慧图书馆中的应用非常普遍，包括但不限于照明、采光等功能，预计高校智慧图书馆的建设将更多地依赖RFID技术。然而，RFID技术需要嵌入读者标签，这无疑会涉及读者隐私的保护问题，这是RFID应用建设过程中的最大障碍。为了有效地解决这一问题，政府可以出台相应的法律和政策来保护读者的权益，防止读者隐私的泄露。

（三）iBeacon技术

iBeacon是一种具有开放性的通信协议，它采用了低能耗的蓝牙技术，即蓝牙4.0。通过iBeacon基站，系统会发出信号并建立一个信号区，一旦携带移动设备的用户进入这个区域的时候，他们就能够通过配备了iBeacon功能的设备和应用程序，同他人通信，且在这个位置上，可以使用智能手机或者平板电脑等便携式电子设备对自身位置信息进行记录。读者可以携带带有蓝牙功能的移动设备，该设备不仅可以进行信号的采集，还可以对数据进行有效汇总，科学计算当前的坐标，根据指纹信息库定位读者的位置，之后向服务器精准发送请求，从而获取位置服务，这种技术不仅可以节省大量人力成本，还可以提高工作效率。iBeacon技术的操作流程大体上被划分为三个主要阶段，分别是连接、数据收集和定位。该技术在高校智慧图书馆中的实际应用主要包括室内的位置定位和导航功能，通过便携式电子设备与服务器建立网络通信关系，利用手机内置传感器收集用户相关参数，进而获得精确的地理位置信息，从而完成定位和路径规划。图书馆利用这项技术还能够提供定制化的地理位置服务，先通过无线网络与服务器之间建立通信关系，服务器再将用户请求发送到移动终端上。为了满足读者的需求，可以对他们进行精确的位置定位，并根据他们当前的地理位置来执行信息推送、智能图书检索等功能，其定位精度可以达到0.5m，相较于GPS，室内的定位和导航功能具有更高的准确性。针对读者和管理人员，则能够在移动端上直接查看馆藏文献及借阅情况，无须到馆内去翻阅书籍，也不需要携带大量设备。为了满足馆员的不同需求，使用Unity3D引擎软件来创建图书馆的虚拟环境，实时捕获读者和图书馆区域的信息，并对整个区域进行动态的智能监督与管理。目前，大部分智能手机均能作为iBeacon的接收或发射设备，这无疑为高校智慧图书馆中的人们之间的相互沟通提供了巨大的便利。

（四）智能卡技术

一般情况下，智能卡的尺寸与信用卡相当，它是一种内部嵌有微芯片的塑料制成的卡片，这种智能卡可以通过射频方式进行通信和数据交换。智能卡内置RFID芯片，因此在不需要物理接触读写器的情况下，也能对持卡人的信息进行准确的识别。由于其内置的芯片具有一定的安全性和可靠性，因此它能提供比普通银行卡更安全和可靠的服务。人们认为智能卡是高效、智能的原因是其内部的集成电路，如随机存储器、中央处理器等。当计算机发生故障或运行异常时，智能卡就会自动报警，提醒用户注意。智能卡具有独立处理大量数据而不影响主机正常运行的能力,且可以通过过滤错误数据来减少和减轻主机CPU的压力,通常适用于需要更多端口和更高通信速度的应用场景。

智能卡具有很好的安全性和可靠性,且易于与其他设备集成到一起,构成一种新的系统平台,提高整个系统运行效率。目前,智慧图书馆使用的"智能一卡通"主要是以智能卡技术为基础,利用先进的计算机和通信技术,巧妙地将智能建筑中的各种设施连接起来,形成一个有机的整体结构。该技术不仅能够支持多种身份认证方式,还具有统一的数据库平台,方便用户随时调用所需的各种业务服务。用户只需要一张名为"智能一卡通"的卡片,除了能够轻松获得基础的钥匙和考勤功能,还能进行较为复杂的资金结算或执行某些控制操作,同时还能根据实际需求对各个部门进行实时的监控和管理。所有的局部系统和终端设备都能够自动地收集并整理信息,从而为图书馆系统提供查询、汇总等功能。在互联网的背景下,智能卡之间能够进行有效的交流,既能独立地进行功能管理,又能确保整体管理的统一性。在智慧城市中,各个地方都有自己独特的特色,也会形成一个庞大完善的信息系统平台。举例来说,在城市的公共图书馆间利用智能一卡通技术,能够成功实现借阅和归还,这为读者的日常生活带来了极大的便利,并在智慧城市的文化建设中占据了核心地位。

二、数据汇聚层技术

(一)数据汇聚技术

在高校智慧图书馆的传感层,微传感器采用自组织策略构建无线传感器网络。无线传感器网络技术可以对馆内的环境和被监控对象进行实时观察、感知和相关数据采集,从而及时获取所需信息,最终为用户提供更加智能、高效的服务体验。鉴于无线传感器网络的能量和计算资源有限,有必要通过数据聚合技术进一步降低能耗,有效消除冗余数据,从而增加有价值的信息流,延长网络的使用寿命。因此,数据汇聚成为当前研究热点之一,以数据为核心的路由协议已经成为数据汇集技术的主导方向。目前,已有很多基于数据聚合的汇聚协议,这些协议大多针对某一特定类型的数据进行处理,并不支持多种类型的数据融合。根据被检测的原始数据的特点、表现形式和未来的应用场景,虽然在不同的协议级别对数据的含义进行了解释和整合,但通常会导致大量信息的丢失。信息协商传感器协议的核心思想是在数据传输之前,通过传感器节点之间的相互"通信"和"协商",使各节点的资源进行自我调整,从而确保数据传输的高效性和高质量。由于传感器网络自身具有分布式特点,所以其通信过程中采用了基于地理位置的路由算法。在各个节点间,借助发送元数据来进行信息交流和协商,这样可以避免资源的盲目使用。因此,将这些具有一定意义上的通信能力的节点聚集起来,就形成了一个网络——传感器网络。与传输收集到的数据相比,传输元数据能够十分明显地减少能量的消耗。同时,还存在定向传播路由、基于平衡汇聚树的路由协议等,这些都有助于实现数据的有效汇聚。

COUNT(计数)、AVG(平均值)等均属于聚集函数的范畴。在无线传感器网络中,每个感知层中都有一个汇聚器负责对所有节点进行检测并将检测到的数据传输给相应的控制器,然后由控制器控制整个系统运行。当感知层的传感器节点处于空闲状态的时候,它们通常都是关闭的;当发生事件时,又会重新开启,形成一个循环过程,所以在感知层中存在大量周期性重复动作。只有在收到命令或监测目标出现的情况下,传感数据才会生成。因此,它是一个典型的时间序列模式。从感知层获得的数据显示出其阵发性、持续性等特质,这些数据能够和流数据进行比较,且处理方式也能够参考流数据,简单来说就是和事件相关的时空查询。尽管使用聚集函数能够进一步节约能源,然而由于数据的原始结构发生了显著的变化,因此它存在一些固有的缺点。

(二)Ad-Hoc 技术

Ad-Hoc 技术代表点对点的 P2P(peer to peer lending,即个人对个人)连接,它与直双绞线有相似之处。Ad-Hoc 作为一种无线移动网络协议,在网络中没有中央控制节点,各节点的位置相同,从而构建了一种平等的网络结构。每个节点都可以转发消息,具有与普通移动终端相同的功能。另外,由于网络中的每一个节点都有权自由地加入或退出,即使有一个节点出现了问题,整个网络依然可以正常工作,这意味着它具有很高的抵抗破坏的能力。Ad-Hoc 技术将无线通信与有线通信有机结合起来,实现了节点之间的直接通信和数据广播等基本功能。Ad-Hoc 网络并不依赖于任何预先设定的设施,而是以分层协议和分布式算法为基础和前提，各节点协同各自的行为模式，一旦节点启动，它将自动转化为一个独立的网络结构。目前，已有很多基于数据聚合的汇聚协议，这些协议大多针对某一特定类型的数据进行处理，并不支持多种类型的数据融合。当不同覆盖区域节点通信的时候，仅需依赖普通中间节点的多次转发，并不需要依赖特定的路由工具或设备，就可以构建出一个平等的网络结构。

Ad-Hoc 技术主要应用于传感器网络和个人局域网两个领域。无线通信技术广泛应用于智慧图书馆的传感器网络中，但由于其尺寸和节能特性的进一步限制，传感器的发射功率通常较低，因此无法与控制中心进行有效通信。在这种情况下，需要将无线传感网络和移动终端相结合。分散在不同位置的传感器作为节点，能够构建 Ad-Hoc 网络，从而达到多跳通信的目的，这种无线方式具有功耗低，成本低，组网灵活，便于维护等优点。利用 Ad-Hoc 技术构建的个人局域网不仅支持用户在便携式电子设备上的通信，还能像蓝牙技术中的超网那样，成功实现个人局域网间的多次跳转通信。

（三）传感器中间件技术

作为软件层的一部分，中间件位于底层通信协议和各种分布式应用程序之间。其主要功能是成功建立软件模块之间的互操作机制，从而有效屏蔽底层复杂、异构的分布式环境，最终为上层应用软件的正常运行和开发提供良好的环境。由于它采用了分布式路由策略和动态拓扑结构，因而使其与有线通信相比有着明显优势。传感器中间件基于感知层的特定应用特性，为隔离物理网络和上层应用提供了一个主要的开发环境。目前，在图书馆领域，已有一些学者提出了将传感器中间件引入该系统中，但由于图书馆内的各种设备来自不同的生产商与制造商，这导致了通信协议和数据格式存在一定的差异性，因此可以通过对传感器中间件技术的灵活利用来实现统一的数据处理、网络监控等。在实际工作中，由于各类型数据具有一定的相关性，因此需要使用相应的中间件技术来实现对海量信息进行管理与共享，以保证图书馆资源利用最大化。考虑到图书馆感知层的复杂构造和大规模应用开发的不同需求，中间件技术可以提供一个通用的视图和开发接口，这有助于简化和精简开发流程，从而使效率得到较大提升。

在构建智慧图书馆的过程中，无论是基于物联网的大规模网络搭建，还是各种图书馆应用的开发,乃至整个中间体系的构建,均与开发需求有着紧密联系,需要对其进行全面的综合考虑,同时还需要对传感器的特点进行认真考虑,这包括感知层中不同传感器的特性以及应用服务层需要达成的服务目标。因此,在物联网架构中,需要将感知层与应用层分开进行设计。在此基础上,还需深入探讨中间件的模型和角色的构建方式。在物联网网关的支持下,图书馆内部的传感器中间件技术能够实现对不同感知设备功能的精细化调整与配置,并且该技术还具备配置分布式应用的能力,通过分层管理与控制,并结合中间件机制,使得各传感器之间能协同运作,从而高效地采集信息,快速传输到服务端。此外,借助节点的编程能力和任务的重新分配,节点侧和网关侧能够相互连接,传感器中间件因其独特的结构设计,能以服务的方式满足这些需求。由此可见,在智慧图书馆的建设过程中,传感器中间件技术是连接上下的关键角色。

三、应用服务层技术

(一)云计算技术

云计算实际上是一种超级计算模式,它可以根据用户需求动态地将各种计算资源进行组合并按需提供给用户使用,从而达到高效节能、快速响应和灵活配置等目标。在远程云计算数据中心中,众多的计算机和服务器互相连接,构建了一个电脑云系统,通过分类系统资源,可以为需要处理资源的单位,以一种动态的方式合理分配计算机资源。云计算可以有效地提高计算速度、降低能耗,从而减少用户使用成本。云计算是一种具有创新性的共享基础架构技术,旨在提供更为安全且成本更低的IT服务体验,它能够将各种应用系统进行整合并提供相应的服务。

云计算技术已经成为未来信息产业发展的主要趋势之一。云计算的核心特点包括虚拟化、整合性和安全性。随着互联网技术的发展,大数据处理成为趋势,在面对庞大的数据存储需求时,如TB或PB级别的信息,智慧图书馆通过云计算技术能够更加便捷、高效地处理智慧信息。此外,在数据应用方面,能够灵活地构建跨多个单位之间的语义联系,同时通过大数据分析,发现隐藏在大量信息背后的有用知识,从而为用户提供更多个性化服务。针对用户终端提出的各种需求，实施智能化的响应机制，并且通过智能设备实现给用户提供个性化服务的功能，使其成为一个具有一定智能性和交互性的服务平台，让用户在不需要深入了解复杂环境的情况下，可以轻松且自由地使用资源。云计算作为一种新的服务模式和商业模式，为图书馆带来了全新的发展机遇，它能够有力地应对"数字图书信息孤岛"的挑战，通过一种巧妙的方式把数字图书资源有机地与云中心相结合，构建一个更加系统化、数字化的"虚拟资源库"，该虚拟资源库中存储和管理着大量的数字资源，用户可以利用云计算技术，在虚拟的资源库中进行不同的搜索。从某种程度而言，这消除了传统图书馆间的"信息障碍"和"信息壁垒"。

作为数字资源的主要存储场所，智慧图书馆得益于云计算的兴起，尤其是云存储技术的广泛应用，为其提供了实现各种便捷、迅速和高效智能服务的技术支撑。因此，云计算将成为未来高校智慧图书馆发展的必然趋势和方向。在高校智慧图书馆中，如基础设施服务、平台服务等均能够直接从云计算供应商那里获取。通过对现有学者的研究进行分析，笔者发现云计算在图书馆的应用主要有两种途径：一是租赁云计算服务，二是建立一个基于云计算服务的平台。其中，租赁服务又分为硬件租借式和软件租借式。提供租赁服务，不仅可以提升图书馆的计算服务效率，还可以节约大量的人力、物力和财力资源，从而使高校智慧图书馆的运营和服务效率得到提升，这使得它的应用范围更加广泛。

（二）数据挖掘技术

所谓的数据挖掘实际上是一种从大量数据集中提取有意义和价值知识的具体过程，是从庞大、无序、非结构化的数据集合或信息中，发现隐含在其中的有用的和潜在的规则和模式。严格意义上来说，这是一个从众多模糊、随机和不完整的数据库中，提炼出人们之前不知道的、有意义的和隐藏的知识的过程。尽管数据挖掘的步骤相当烦琐，但它大体上可以被划分为三个主要步骤：首先是数据的准备，其次是数据的挖掘，最后是结果的分析。在这一过程中，还需要进行许多操作，如分类、聚类等。在数据挖掘领域，存在多种方法，包括但不限于关联分析、聚类分析等，其中最常用和有效的是数据挖掘中的聚类分析算法。此外，对于相同的挖掘技术，可能存在多种不同的算法，这使得数据挖掘技术在实际应用中变得更为灵活和多样，需要根据具体的问题进行深入分析。在大数据的背景下，海量的数据资源让数据挖掘技术变成了公司、企业、单位和机构发现知识的不可或缺的关键工具。

随着信息技术的广泛应用，图书馆作为众多信息的主要存储场所，其内部资源也日益丰富起来。在此背景下，传统图书馆也开始向智慧图书馆转型升级，在智慧图书馆的环境中，除了包括丰富的知识资源，还包括用户的身份资料、借阅历史等，这些均是结构化的数据信息，同时也包含了大量非结构化或半结构化的内容，如对文献进行整理、加工和组织后形成的文本或图表等。此外，还可以在智慧图书馆的环境中观察到用户的各种行为模式，如搜索方法、存储习惯等，这些都是半结构化或非结构化的数据。因此，在大数据分析背景下，对这些非结构化和半结构化数据进行挖掘具有重要意义。不论是结构化、半结构化还是非结构化的数据，它们均是一种以非动态方式存在的资源，为了达到智能化和泛在化的目标，需要利用数据挖掘的方法，动态地连接这些数据，从而对它们的潜在价值进行深层次挖掘。目前，许多高校图书馆已经开始利用数据挖掘技术来提升校园服务水平，如通过应用数据挖掘技术对用户的教育背景、年纪、历史借阅记录等进行全面的分析，并以此为基础对用户的阅读偏好进行理性判断，从而推送符合用户喜好的信息，为他们提供定制化的高效服务。同时，还能够利用数据挖掘技术对具有相似兴趣的用户进行深入分析，然后主动地向这些用户推送书籍信息，从而将"单一用户独占"转变为"整个群体的共享"。对于新注册的用户而言，会根据他们的年龄和专业背景来推测他们可能感兴趣的书籍，并主动为他们提供方便他们的功能，如个性化检索等，从而使图书馆的服务更加智能和个性化。图书馆可以利用数据挖掘技术对用户群体的变化进行综合研究，预测未来的发展趋势，从而作出及时的决策。

（三）信息推送技术

信息推送技术是一种严格遵循特定的技术标准或协议，以用户的不同需求为核心目标，根据用户在终端上的个性化设置，服务器主动将符合条件的信息发送到用户终端，供用户随时查看和使用的技术。信息服务的方式和内容具有很强的主动性和针对性，服务内容也具有很强的针对性。

基于传统的邮递服务，人们在网络信息传输中巧妙地将"订阅"这一概念融入其中，同时也是信息推送技术的显著特色，它通过用户的订阅行为，积极地向用户传递信息。信息推送技术不仅提高了网络传输速度和服务质量，还能使用户更方便地获取所需的信息资源，并对其作出及时、正确的反应。信息推送服务系统是由三个主要部分组成的，分别是用户需求管理数据库、信息数据库和服务器信息推送。其中，用户需求管理数据库基于用户的信息需求表，服务器会进行数据的一系列统计和综合分析，从而构建一个用户需求的数据库。它通过对网络中各种资源进行整合和分析，将用户感兴趣的内容及时、准确地提供给用户，从而提高了用户使用图书馆网站的兴趣，达到更好地利用图书馆信息资源的目的。信息数据库则是建立信息库，通过对读者和用户需求的分析，为读者提供个性化的知识导航和咨询服务，从而使读者得到更多、更好的阅读指导与帮助。同时，根据用户的具体需求在网络平台上进行信息的收集、分类和整理，然后制定个性化的信息标准，以确保所有信息都能按照这些标准被录入信息库中。因此，可以利用移动互联网技术和大数据技术，将图书馆中的信息进行智能化整合与分析后，再通过手机等智能设备向读者提供个性化服务。服务器信息推送作为第三代浏览器的核心技术，可以有效减少信息过载的问题。与传统图书馆提供的被动服务不同，智慧图书馆最显著的特点之一是提供主动服务。因此信息推送技术的有力支撑是不可或缺的，所推送的信息不仅具有高度的专业性，而且具有很强的指向性和针对性。在提升图书馆资源使用效率的过程中，也可以使网络传输的压力得到一定程度的缓解，从而有效拓宽用户范围，最终达到泛在服务和智能服务的目标。

（四）机器人技术

机器人是一台具备自我控制、自动提供动力以完成任务能力的设备，属于人工智能领域的一个分支。随着科技的发展和人类社会的进步，机器人逐渐进入人们的日常生活中，并发挥着重要作用，为提高生产力提供了保障。现阶段，针对不同行业的特定需求，出现了具有多种功能的机器人，其中包括适合军事和工业生产的机器人，以及适用于医疗援助和农业劳动的机器人，等等。机器人的实际应用除了减少了资源的消耗，还由于其出色和高效的工作表现，取得了令人瞩目的成果。科技水平不断提升，机器人逐渐被广泛应用到各个领域，随着机器人技术的引进，图书馆的智能化水平将会得到较大幅度提升，同时也会进一步减少和降低馆员的工作量和工作时间。将机器人运用到馆各项业务中，能够使工作人员从烦琐复杂的事务中解脱出来，减轻人力消耗。例如，在执行保安和保洁任务、接待客人，以及接收和分发报纸和杂志的信件、提供信息咨询等任务时，安装具备特定功能的机器人，不仅能解放图书馆馆员的工作压力，还能实现工作效率的显著提升。随着人工智能技术的快速发展，机器人技术将成为未来图书馆管理和服务中不可或缺的一部分。

第三节 高校智慧图书馆建设的内容与原则

一、高校智慧图书馆建设的内容

（一）图书智能分拣、盘点系统

RFID 标签的引入，使传统图书馆的操作流程得到了彻底改变。随着 RFID 设备的广泛应用，图书馆的数据管理流程已经转变为采集、分类、盘点和借阅。当图书被送到图书馆时，首先需要进行图书的分类和编目，然后通过自动分拣系统进行上架，以供读者借阅，在此过程中将图书分为若干类，每个大类下又细分出若干个小类。读者可以使用自助借还设备来归还图书，然后分拣系统会有序整理归还的图书，直接进行分配和上架。整个过程无须人工参与，只需要读写器读取标签即可完成图书流通信息的记录和传递。此外，因为每一本图书都配备了专门的 RFID 标签，这使得图书的清点过程变得更为简便，借助 RFID 的读写装置，图书可以自动进行清点，同时对图书的存放位置进行及时更新，以确保图书的在架状态。

（二）馆内自助系统

1. 自助借还一体机

自助借还一体机实际上运用了射频识别技术，借助自助借阅还书系统，读者不用局限于在服务台借阅还书，而是可以进行自助操作。对于持有图书馆智能卡的读者，在借阅图书时，只需将智能卡和要借阅的图书放在各自的感应区域，自助设备就会自动扫描识别卡上用户的个人资料和图书信息，然后用户就可以查看信息并确认是否借阅，从而完成整个借阅流程。自助借还系统可以让读者在无须接触书架上书本和书架的情况下，实现快速借书和还书。与传统的还书方式相比，高校智慧图书馆的建设和阅读推广研究，为读者提供了更为简便和高效的自助还书方式，用户只需点击自助设备屏幕上的"还书"按钮，然后将待归还的图书放置在感应区内，接着确认相关信息并进行归还，并不需要出示借书卡。由于采用无线射频技术实现身份认证和数据传递，使得用户无须接触到任何物品即可快速获取图书信息。除此之外，该自助借还系统允许用户同时借阅多本图书，并提供24小时不间断的服务。自助借还设备也可在一定程度上实现资源共享，使用自助借还设备既为读者提供了便利，使图书馆内部的工作负担得到减轻，还在一定程度上提升了图书流通的速度，使图书馆的服务质量也得到相应提升。

2. 座位预约系统

座位预约系统也是 RFID 技术的一种应用，实现了图书馆内的用户和设备之间的连接。座位预约系统包括一个服务器和多个客户端，在每把椅子内部都安装了重量感应器，并通过图书馆内部的无线网络系统发送是否处于空闲状态的信息。当服务器收到信息时，会向服务器端发出指令，请求进入相应区域进行查询。控制中心将所有的数据整合起来，并在显示屏上以图形的方式展示出来，如果有座位被占用，则会发出提示音提醒读者。读者既可以前往图书馆进行预约，也能够通过"我的图书馆"手持设备进行预约。馆员则可以随时查询座位情况并对读者的借出或归还作出记录，以便于后续处理。图书馆的座位自助预约系统不仅体现了其智能化特点，还具有一定的人性化特点。针对恶意预定的用户，系统会通过限制他们的预约权限和减少他们的借书次数等方式来对其进行处罚，目的是彻底消除这种不良行为。

3. 图书馆多媒体终端机

读者可以进行自助操作，如图书馆导航、书目检索。除此之外，也可以用来宣传和展示图书馆。

4. 自助打复印一体机

用户能够按照自己的实际需求进行自助打印和复印，也能够将所需的纸质图书资源以一种自助的方式扫描到自己的邮箱，并通过网络完成异地打印。

5. 触摸屏阅报机

图书馆内部配备了多台触摸屏报纸阅读机，以便读者能方便地阅读各类报纸和期刊，同时也支持图书馆 3D 全景地图的导航功能。

(三)智能管理和安全系统

1. 综合能耗管理系统

高校智慧图书馆主体建筑的设计必须符合环保节能的要求和标准。综合能源管理系统是将传感器导入图书馆内部相关设备的系统，目的是对图书馆内部环境进行实时监控，包括但不限于空调、照明系统等。该系统可以实时监测室内温湿度变化情况和室内空气质量状况，及时调整相应的设备参数。在确保读者人身安全的基础上，还为他们提供了一个舒适的阅读环境，同时实时在线监控图书馆内的各种设备，以确保设备处于最佳工作状态，并达到最低的能源消耗。通过合理规划布局图书馆，将各种资源加以整合利用，以最小的成本获取最大收益。图书馆的建设应该尽可能选择环保的建筑材料，对当地的气候条件进行充分利用，从而确保高校智慧图书馆的运营既安全又节能。

2. 图书安全防盗系统

图书安全防盗系统由 RFID 和磁条两种方式组成。合法借阅图书必须满足三个基本条件，即 EAS 防盗位、EPC 码域标签型位、消磁功能。在网络连接的情况下，系统会对图书进行实时监控，如果发现有图书不满足上述三个标准之一，系统会发出声音和光线报警；在脱机的情况下，还能够实现离线警报功能。例如，电磁波防盗系统，就特别适用于大型图书馆和书店，具有高灵敏度、小盲区等特点，该系统还支持多通道的联机使用，并能在各个通道之间实现独立的报警功能。该防盗系统在工作过程中，通过无线射频信号和有线通信网络传输信息，利用全数字调制方法，与微电脑的控制技术相结合，展现出一定的抵抗干扰的能力，可以有效地防止金属干扰。

3. 智能门禁系统

智能门禁系统通常是由门禁控制器、门禁读卡器等主要组件组成的，其中门禁控制器是整个系统中最重要的设备之一。智能门禁系统是一个具有联网功能的系统，它不仅具备安全保障系统，还具备报警系统。例如，一旦图书馆内部出现异常情况并触发火警警报的时候，门禁系统会自动解锁消防门和其他安全出口。此外，消防门上安装的电控锁可以在火灾发生的时候自动切断电源，为馆内的工作人员提供一个逃生的通道。

(四)移动服务建设

伴随着互联网和信息技术的持续进步，移动服务的形式也从短信逐渐演变为网站服务、App 服务；服务的载体范围从普通手机扩展到智能手机，这使用户能够在任何时间、任何地点接受或访问图书馆提供的数字化服务。移动图书馆作为一种新的阅读模式，改变了传统图书馆的服务理念与形式。总体而言，移动服务是图书馆行业中的一场移动革命。智慧图书馆的出现，则标志着图书馆服务的重大变革。由于智慧图书馆具有广泛的互联互通能力，这使得它可以成功实现智能手机、阅读器等设备之间的无线连接。在此过程中，图书馆将获得海量数据和丰富知识资源。手机图书馆以移动设备为载体，如智能手机、平板电脑等，利用无线网络实现信息的双向传递；利用 4G 和 5G 手机的高速网页浏览功能，促使图书馆和数字图书馆之间建立连接；利用手机终端的定位、导航、语音识别、视频通信、游戏娱乐等多种功能，为用户提供数据化管理和智能化决策支持；通过移动短信咨询平台、移动阅读和交流平台等，为读者提供了一系列服务，包括书目查询、图书续借等。手机图书馆是数字图书馆发展的一种新模式，具有方便、快捷的优势，读者能够通过智能手机进行各种操作，无论何时何地都能方便地检索图书目录、预约续借和到期查询，还能轻松获取图书馆发布的公告、讲座的预告信息，同时也能将相关信息上传至云端服务器，供其他用户共享。通过开发相应的接口，并通过数字图书馆和数字电视之间的有效交互，成功实现二者之间的有效连接。在此基础上还可以构建基于数字电视的数字图书馆系统，用户只需在家中通过电视，便可以预约或续借图书馆的书籍，查阅图书借阅详情，浏览馆内的电子书籍，观看公开的视频资源。

（五）智慧空间重构

在互联网的时代背景下，以宁静的阅览室为核心的图书馆布局，就某种程度来说已经无法满足现代用户的多样化需求。随着网络技术的不断成熟和数字资源的日益丰富，人们对传统的图书管理模式提出了新的需求和挑战。"开放获取"运动应运而生，一方面促进了信息的开放与共享，另一方面进一步促进了图书馆管理与服务的有效转型，催生了信息共享空间的全面发展，可以说是图书馆的一次转型机遇。信息共享空间的兴起是对传统图书馆管理模式的颠覆，它通过整合各种资源实现资源共享，从而使读者获得更多便捷的服务，提升了服务水平。受信息共享空间的推动，全球各个国家的图书馆空间的再造成为一股热潮。

信息共享空间代表了一种创新的服务方式与模式，旨在不断加强图书馆用户之间的互动、学习、合作以及研究，并致力于提高用户的信息处理能力。在此背景之下，国外一些高校相继建成了具有特色的信息共享空间，并取得良好成效。美国学者从两个不同的角度解释了信息共享空间。一是一种特殊的在线环境。在这个环境中，用户能够利用网络工作站上的搜索引擎，对馆内藏品和其他的数字资料进行搜索，还可以与其他读者一起使用各种电子文献资源并参与交流互动，从而使他们在时间、地点和方式等各方面都能得到满足。此外，用户可以通过特定的用户界面来享受各种数字化服务，也可以是一个区域或者整个园区，如学校图书馆中的数字化资源中心、图书分编中心等。二是一种创新型的物理设施与空间。作为一个创新的信息场景和环境，它可以是图书馆的某部分，一个特定的楼层，或者一个单独的物理设施。在数字化背景下，对工作空间进行有序的组织和管理，提供各种服务，同时在第一种模式的重要基础上为馆员提供附加服务。例如，浙江大学图书馆的信息共享空间建设已经相当成熟，它是基于原有的电子阅览室进行改造的，主要分为8个不同的功能区域，包括多媒体空间、知识空间等。

二、高校智慧图书馆建设的基本原则

（一）标准化和规范化原则

在智能环境中，图书馆的信息收集、处理、传递和应用都依赖于网络技术，在这种新形势下，"无处不在"已成为未来图书馆发展的趋势之一。高校智慧图书馆的发展必须走与信息化相结合、数字化建设和网络化服务并重的道路，并建立一个完整的服务体系。然而，为了在全国乃至全球范围内建立一个统一的图书馆服务体系，同时实现共建共享，遵循一致的标准与建设规范是绝对必要的。因此，在高校智慧图书馆中，必须建立一个统一标准，使之成为智慧化建设过程中不可缺少的重要组成部分，以确保数字化环境下的信息资源安全有效地传递到用户手中。例如，数据格式标准规范、网络通信协议以及与行业标准相符的设备等。图书馆数字化进程也需要有一套相应的技术标准和技术规范来支撑其发展。在数字资源系统的建设、技术平台的搭建以及信息服务系统的开发等环节中，统一的标准、规范、协议和兼容的软硬件都尤为关键。换言之，为了更有效地实现高校智慧图书馆的未来建设和功能服务，必须依赖于统一的标准和规范，并将其作为基础。

（二）开放性和集成性原则

未来，高校智慧图书馆将致力于为读者提供更好的个性化服务，读者将有机会以互动或自主的方式参与图书馆的各项服务和管理活动。随着信息技术的快速发展，人们可以随时随地获取所需的各种资源和知识信息，并通过手机、电脑等终端设备进行阅读与分享。基于移动互联网技术，无论是信息的创建、处理、传递还是检索，其效率和便捷性都远超人们的预期。高校智慧图书馆通过大数据分析技术，对大量信息进行挖掘、分析，并结合各种智能终端的应用来实现个性化定制。不仅是图书馆馆员可以成为信息的创造者和发布者，读者也可以变成信息数据的创造者，这将加快信息的传播速度，使得信息在"图书馆—读者"之间的流动变得更加迅速和直接。高校智慧图书馆的出现使传统图书馆向数字图书馆转变，并对现有的图书流通模式进行改革。高校智慧图书馆为用户提供微信交互、在线联合知识导航站等服务。这些服务降低了读者进入图书馆的"高度"，使图书馆馆员与读者、读者与读者、图书馆馆员与图书馆馆员之间能够自由互动，协调参与。读者不仅可以利用各种移动终端获取所需资源，还可以通过手机上网获取信息。在图书馆的运营和提供服务的过程中，读者能够直接或间接地将作用和影响力发挥出来。高校智慧图书馆可以通过构建智慧化系统来提升自身的服务质量和水平，基于云计算和物联网技术，实现不同文献信息机构和不同类型文献之间的跨系统应用集成，跨部门的信息共享，跨媒体的深度融合等。高校智慧图书馆建设将成为未来我国公共文化服务体系建设的重要组成部分，如果图书馆想要在服务上实现创新，那么依赖新技术的智能化运用是不可或缺的。

（三）共建性和共享性原则

在全国范围内建立高校智慧图书馆体系是一项十分艰巨的任务，因为一个图书馆的能力是有限的，很难在短时间内完成智慧资源的建设。因此，在这个基础上，各院校可以根据自身特色和实际情况选择不同的发展路径，形成各自具有代表性的泛在型、智慧型或混合型等多种类型的高校智慧图书馆体系。通过在多个图书馆间实现信息的共享，利用人力和物力资源的共享，在较短的时间里丰富图书馆的藏书资源，从而最大限度地满足用户的多样化需求。因此，作为独立运营的高校图书馆，如果想要迅速达到全面和智能化的建设目标，就必须与其他图书馆建立合作关系，通过共同建设和共享资源，在贡献自己的藏书资源的同时，也能获取更多其他图书馆的藏书资源。因此，在这种背景下，高校图书馆间进行资源整合就变得尤为重要，为了达到信息资源的共同建设和共享，各高校图书馆可以联盟合作，还可以跨校联合采购或自建特色数据库。一方面，特定区域的图书馆已经形成了一个统一的体系，通过联盟的方式进行图书和数据库的采购，并从书商和服务商处获得相对较低的采购成本。由于各馆拥有不同的馆藏特色和专业学科优势，能够最大限度地满足广大读者的需求，这不仅有助于资源的节约，还能提高资源的使用效率，同时，各图书馆间还可以通过资源共享提高自身的服务质量和服务水平。另一方面，各大图书馆能够互相分享技术和平台资源，这在数字化的建设中有助于避免资源浪费，同时还可以为读者提供更多的服务资源，进一步推动图书馆向智能化方向发展。

（四）智慧性和泛在性原则

1. 服务时间和服务空间

随着无线网络技术的不断进步和智能化、自动化服务系统的涌现，能够让在网络覆盖的每一个区域都享受到图书馆所提供的服务，且这些服务能够连续运行 7×24 小时。图书馆服务方式也不再是单一模式的纸质借阅和简单的语音提示，而是由计算机自动进行图书管理和提供信息查询等业务。图书馆的用户可以通过终端设备，在不受时间和地点限制的情况下，享受数字资源和服务。

2. 服务对象和服务模式

现如今，图书馆可以主动为所有接入网络的用户推送更多的资源和服务，不再局限于为到馆的用户提供服务，能够确保每个人公平地获得所需的资源与服务，从而真正扩大图书馆服务对象的覆盖范围。

3. 服务内容及服务手段

在当前泛在化的环境下，高校图书馆之间的资源合作与共建共享，使图书馆用户享受到的资源服务不再局限于图书馆自己的图书，而是可以整合不同平台的资源。例如，共享资源中心、互联网和开放知识库等，在此基础上对收集到的信息进行整合和筛选，去伪存真。接下来，为用户提供这些资源，让用户使用，提高数字化资源的使用效率。这就要求高校图书馆必须具备一定的智能设备与技能，为师生提供更多优质的信息资源及便捷、高效的检索途径。因此，随着时代背景和技术环境的演变，高校智慧图书馆的建设和发展必须遵循智能化和泛在化的相关原则，这样才可以将图书馆的社会价值充分展现出来。

第四节　高校智慧图书馆的资源建设

一、高校智慧图书馆信息资源的类型

在高校智慧图书馆建设中，除了要满足用户通过高校智慧图书馆获取泛在服务需求，还应存储一定量的纸质馆藏。这是因为，高校智慧图书馆虽然依托智慧化的技术，构建了智慧化的管理和服务系统，提供智慧化的服务，但大部分高校智慧图书馆同时还承载着传统图书馆的功能。图书馆具有搜集和保存人类文化遗产的职能，所以高校智慧图书馆也必须保存一定量的纸质馆藏。除此以外，高校智慧图书馆应大力开发数字资源、多媒体资源等，这也是由高校智慧图书馆的性质和特点决定的。高校智慧图书馆中存储的资源主要有印本资源、数字资源、多媒体资源、数据资源，本书将对这四种类型的资源进行论述。

（一）印本资源

高校智慧图书馆中的印本资源主要包括图书、期刊、报纸、工具书、学位论文、会议资料等。其中，图书是印本资源的主要组成部分，在馆藏资源中占据了绝大部分体量，也是除数字资源外获得资源建设经费最多的资源类型。期刊的时效性较高，一般期刊出版社定期出版，学术期刊的学术价值比较高，在学术研究中有极高的地位。报纸比期刊的出版频率高，大部分报纸为一天一期，其信息新颖性高，但以新闻性信息为主，也有部分报纸为休闲娱乐类，可以丰富读者的业余文化生活。工具书是研究学科或领域必不可少的工具类书籍，一般为学校或科研机构的教学科研活动所使用，在图书馆馆藏中使用频率较低，但学术价值很高。大部分高校图书馆

具有保存本校学位论文的功能，学位论文具有较高的学术价值，尤其是硕士、博士学位论文，体现了学生研究生阶段的学术研究水平。会议资料是指在学术交流会议上用于学术讨论、交流的资料和文献的总称，会议资料内容新颖，传递信息比较及时，学术价值比较高。除此以外，一些高校图书馆的印本资源还包括专利文献、标准文献等特种文献，它们也具有较高的收藏和学术价值。

（二）数字资源

所谓数字资源，其实就是文献信息的一种显示方式，是计算机技术、通信技术和多媒体技术相结合后以数字方式发布、存储和使用的综合性信息资源。站在组织形式层面来看，数据有多个不同的类型，如数据库、电子图书等。在数字图书馆建设中，数字资源主要通过光盘、网络及其他各种数字化媒体进行存储。根据存储介质的不同，数字资源可以被分类为磁性介质和光学介质两大类，前者涵盖了软盘、硬盘等多种；后者则是由光学记录材料制成的具有一定密度的碟片组成，它能以较快速度将内容存储在特定位置，光盘、DVD、LD等都是光学介质的种类。在数字资源存储方面，由于光盘技术成熟，存储容量大，使用方便灵活，所以被广泛地应用于各种媒体，尤其是多媒体数据信息的存储与检索。在数字资源的存储中，常见的存储介质包括硬盘、磁盘阵列等多种形式。

根据数据的传输范围，可以分为单机、局域网和广域网等多种模式。其中，单机利用时可以将CD或数据安装在电脑上；局域网的内部利用允许用户查看和检索机构内部的数字资源，但不允许访问机构局域网外的网络环境；广域网则是以互联网为基础来进行信息传输的一种手段，意味着用户能够随时随地在拥有互联网的场所，通过特定的身份验证程序，或者在不进行身份验证的情况下访问数字资源。

从提供资源的角度考虑，数字资源可以被分类为商业用途的和非商业用途的。前者涵盖了由数据库商、出版商及其他商业机构提供的多种电子资源。图书馆在提供这些数据库之前，需要支付特定的费用，读者可以选择使用读书卡或其他方式来购买数据库的使用权。由图书馆自己建立并向社会免费开放的数字资源，不仅内容丰富，数据量也相当庞大，它们在图书馆的馆藏资源建设过程中起着至关重要的作用。由于这些数字资源大多来自互联网或搜索引擎，因此在数字资源管理过程中需对其进行合理的管理和利用，使之能够发挥应有作用。后者主要涵盖了机构自行创建的独特资源库、公开可访问的资源、机构的藏品及其他不收费的网络资源。这些资源可以由图书馆独立创建，或者从互联网上无偿获得。图书馆特色资源库的建设一般需要经过前期调研、收集文献信息并建立数据库等过程，然后通过系统开发完成相应功能，最后发布到网上供用户使用。显然，一旦图书馆的特色资源库建设完毕，它也有可能通过商业化的手段来运营。在这种情况下，其他类型的图书馆也可以将其视为商业化的数字资源。

（三）多媒体资源

随着科学技术的不断发展，人们对媒体提出了越来越高的要求，作为一种新技术——多媒体就是适应这种需要应运而生的。多媒体作为近年来涌现的新兴事物，正处于迅猛的发展与完善阶段。严格来讲，多媒体资源不算是一种资源类型，它实际上是多种媒体资源的集合，通常涵盖了文本、音频和图像等不同的媒体形式。多媒体是计算机发展到一定阶段后的产物，也是现代计算机技术与通信技术有机结合的结晶。在计算机系统的定义中，多媒体是一种结合了两种或更多媒体的人与机器之间的交互式信息交流和传递媒介。多媒体主要应用于多媒体计算机，使各种媒体以不同方式相互结合起来，并通过网络进行传输与交换，从而产生了新的信息处理技术，所采用的媒体涵盖了文本、图像等。

（四）数据资源

数据可以是连续的值，如声音、图像，称为模拟数据。也可以是离散的，如符号、文字，称为数字数据。在计算机系统中，数据以二进制信息单元 0、1 的形式表示。对数据的分类，可以按性质、表现形式和记录方式 3 种类型划分。

1. 按性质划分

第一，定性的，如代表事物特性的相关数据（河流、道路等）。第二，定位的，如各类坐标的具体数据。第三，定时的，具有时间属性的数据，如年、月、日、时、分、秒等都是反映事物时间属性的。

2. 按表现形式划分

第一，数据数字，如各类统计或测量的数据。在特定的范围内，数字数据值呈现为离散状态。第二，模拟数据是由一系列连续函数构成的，这些函数描述的是在特定范围内持续变动的物理量。这些数据可以进一步细分为图形数据、符号数据、文本数据等，如声音的大小和温度的变化等。

3. 按记录方式划分

根据记录的方法，数据被分类为地图、表格、影像、磁带和纸带。根据数字化的方法，数据可以被分类为矢量数据、格网数据等多种类型，不同数据格式间存在着相互转换的关系，即数据可以是文本形式或图形形式。在地理信息系统的应用中，数据的选取、种类、数量、收集方式、详细度和可靠性等因素，都是基于系统的应用目的、功能、架构，以及数据处理、管理和分析的具体需求来决定的。不同的数据源有不同的数据结构形式及相应的处理技术，如关系数据库系统、面向对象数据库系统、关系模式数据库系统等。

二、高校智慧图书馆的印本、数字资源建设策略

（一）高校智慧图书馆的印本资源建设

1. 采访工作的智慧化管理

采访的方式已从"与读者失去联系"转变为更加重视收集读者的反馈，高校智慧图书馆应适应形势、把握机遇，做好采访工作。众所周知，图书馆持续发展与生存的重要物质基础是馆藏，馆藏建设的首要步骤就是文献的采访工作。图书馆的核心服务对象始终是读者，这一原则是图书馆永远不会改变的，图书馆释放其内在价值的唯一方式就是让读者积极参与和利用。在新时代的背景下，"读者第一，服务至上"已经成为现代图书馆界最重要的指导思想。读者在图书馆馆藏服务中起着中心、对象、目标、驱动力和评价者的作用，图书馆提供的一切服务都必须遵循"以读者为中心"的核心思想，才能在智慧图书馆中体现"以人为本""可持续发展"的核心理念，体现"以人为本""绿色发展""方便读者"的核心价值和精髓。显然，为了更好地适应智慧观念的发展，图书馆在采购馆藏时应该更加开放、个性化，而不只是少数图书馆馆员的研究领域或个人观点。同时，对文献的选择应更注重其实用性、针对性和时效性等方面。最理想的状况是，所有的读者都能够根据自己的需求提出独特的文献购买建议，且图书馆也应基于这些建议来满足不同读者的多样化文献需求，最终确保每个人都能平等地获取信息。

2. 馆藏管理的智慧化

RFID 管理系统被认为是使纸质资源实现智能化的一个高效手段，它可以将图书信息与射频识别芯片绑定起来，形成一个统一的电子标识系统，并根据用户需求自动查询和统计图书信息，从而提高工作效率和服务质量。利用先进的物联技术，深度优化与完善图书馆的采编、排架等各个业务流程，同时利用射频识别技术将读者借阅图书信息与馆藏图书关联起来，为用户提供更高效、便捷的服务。目前，大多数图书馆书架上的书籍都装备了电子标签。

3. 馆藏存储的智慧化

在传统的图书馆中，各馆均采用独立的方式来管理各自收藏的文献资料，在高校智慧图书馆中则利用远程存储技术将这些分散的资源集中起来，进行集中管理。为了缓解物理空间的压力与图书馆对实体藏书的持续维护之间存在的矛盾，采用远程存储技术成为一个能够显著减少开放式书库实体馆藏数量的有效手段。通过远程协同存储技术，分散的图书馆可以共同构建远程、高密度、长期的纸质文献存储。各分馆不仅拥有本馆文献的所有权，而且可以独立选择共享或转让这些文献的所有权。图书馆的服务对象主要集中于教学和科研两大领域，这就要求图书馆必须建立起自己的特色馆藏体系，让各个分馆的读者均享有访问本馆远程存储资源的权限。目前许多学者认为，高校智慧图书馆的出现会导致图书馆向知识管理转型，而不是像以前那样只注重保存现有的文献信息。在一个智能化的大环境里，图书馆需要清晰地认识和明确自己的职责、作用与使用，并据此来科学规划其馆藏的未来发展方向。例如，一些图书馆专注于提供最新的学术资料，而另一些图书馆则更致力于长期保存未被充分利用的文献资源。然而，高校智慧图书馆的发展方向将逐步从传统的纸质文献保存图书馆转变为集学习、交流、创新、创客为一体的中心。这就意味着，图书馆将以更加开放的姿态与读者互动交流，不再仅满足于纸质图书资源的利用。因此，高校智慧图书馆未来的又一发展方向是对馆内低使用率的纸质文献进行空间上的优化和改造。

（二）高校智慧图书馆的数字资源建设

1. 加大力度引进中外文数据库

为了提高资源利用效率，节省投资成本，高校有必要对现有的中文数据库进行二次开发，建立自己的特色库或专用库。当高校智慧图书馆考虑引入中文数据库时，需要全方位衡量数据库的实际应用效果、重复使用情况等方面，以确保中文数据库的合理引入。在资金状况允许的前提下，充分按照各个学科和专业的实际建设需求，最大限度地引入更多专业数据库，使各个学科的教师和学生在科研和学习上的多样化需求得到充分满足。图书馆在引进数据库方面，应该从被动态度转变为主动参与。图书馆应利用自己的馆藏优势和网络技术力量，积极与国内外知名的数据库厂商合作，建立起一个有特色的、高质量的电子期刊全文数据库群。现阶段，众多图书馆在导入数据库的过程中显得不够积极，大部分还停留在被动尝试和接受阶段。因此，为了更好地掌握全球专业数据库的出版资讯，高校应该从被动态度转变为主动态度，并致力于优化图书馆的信息资源建设。

2. 加强高校智慧图书馆自建数据库的建设

第一，专注于搜集具备某种优越性的信息资源。众所周知，高校智慧图书馆拥有丰富的文献资源，为了构建具有特色的数据库，收集学校师生的论文或著作，并在图书馆的官方网站上链接，为读者提供更加高效的检索服务，是一种行之有效的策略。通过同步收集相关的收录和引用数据，不仅可以展示学校在科研方面的能力，还可以提高服务质量与层次，进一步凸显图书馆数字资源的独特之处。除此之外，高校智慧图书馆也能够利用当地的特色资源，创建充满地方风情的数据库。

第二，依据重点学科和主要研究课题，对国内外在这一研究领域内出现的新观念、新思想和新趋势进行持续追踪，并以此为基础提供定性和定量的专题报告和观点汇总。通过对论文的收集、整理及分析，可以进一步了解国外有关学科的发展动态和趋势，从而促进我国在该方向上的学术研究工作。高校智慧图书馆拥有丰富的文献资源，这些独特的馆藏为重点学科和主要课题的数据库建设提供了坚实的资源支撑。因此，加强图书馆藏书建设是非常有必要的。图书馆肩负着为学科建设提供资料和进行资源整合的核心职责。目前，我国已建成或正在筹建一批重点学科数据库，但由于各单位在经费投入方面存在差异，所建项目也不尽相同。部分高校已经建立了专门针对特定学科领域的学科文献中心，且拥有丰富的重点学科文献资源，文献内容不仅具有广泛性和系统性，还具有一定的连续性，这对于构建重点学科数据库是非常有益的。一些地方高校也开始重视并加强重点学科数据库的建设工作。

3. 加强高校联盟，实现资源共建共享

目前，我国高校数字化程度较低，数字资源总量不足，促进各个数字化图书馆间的互联互通和资源共享不仅是数字化图书馆未来发展的不可避免的方向，也是顺利解决资金不足问题的一个关键措施。因此，需要建立统一的数字资源平台，以共享为目的，对信息资源实行集中管理。共建是资源共享的核心，需要在管理结构与资源分配策略上进行革新，从单一的建设模式转向集中的建设方式，从封闭的管理模式转向开放的管理模式。同时，还要建立相应的保障机制，使资源共享得以真正落实，摒弃"大而全""小而全"的思维方式，避免不必要的重复建设，从而节省大量的资金和时间。各个图书馆需要更新和转变它们的思维观念与方式，树立全局意识，并在资源共同建设和共享的大背景下，对自身的建设进行综合考虑。高校智慧图书馆应充分发挥网络技术的优势，建立统一的数字信息服务平台，积极地投身于数字资源的整体组织和建设过程中，通过密切的合作、统一的规划和标准，在互利共赢的前提下，为高校制定具有科学性与合理性的数字化资源建设总体目标。

第三章　高校智慧图书馆的服务建设

本章分别介绍了三个方面的内容，依次是高校智慧图书馆服务的相关理论，高校智慧图书馆服务创新的必要性，高校智慧图书馆资源的整合、开放与服务创新。

第一节　高校智慧图书馆服务的相关理论

一、高校智慧图书馆的知识服务概述

（一）高校智慧图书馆知识服务的概念

高校智慧图书馆的知识服务不仅是对其知识服务业务的横向拓展，同时也是对服务层次的纵向扩展，这种服务方式旨在突破时间和空间的束缚，确保教育信息资源得到合理的分配和共享。另外，这也是高校智慧图书馆摆脱传统信息服务观念的束缚，突破传统服务模式的限制，提高其核心竞争力的关键步骤。随着我国社会信息化程度的不断加深和高等教育事业的快速发展，读者信息需求呈现出多样化趋势，这就要求高校智慧图书馆必须以更加积极主动的态度开展知识服务工作，更好地为广大读者服务。

高校智慧图书馆的知识服务是除为学校的教学和科研提供服务外，还应尽量向公众、企事业单位等开放其所有的馆藏资源和硬件设施，并在对用户信息需求分析的基础上，进一步增加服务中的智力元素，以充分满足不同层次用户的信息需求，最终为他们提供一个更加系统、全面和有效的问题解决方案。

（二）相关理论基础

1. 全纳教育理论

全纳教育是一个持续演变的过程，其核心目标是为所有人提供高品质、高质量、高水平的教育，同时充分尊重学生、社区的多样性，以及各种不同的需求、能力、特质和学习期望，以消除所有形式的歧视。从广义上讲，全纳教育是一种以促进每个人自由发展为目的的教育模式，即对所有受教育者都给予平等的对待和支持。全纳教育的思想重点强调了教育服务的公平性，还强调了其多元化，核心思想可以总结为三个方面：坚持教育公平，反对歧视，尊重差异，反对排斥，鼓励参与；反对孤立。这一思想理念对我国当前高等教育特别是高校智慧图书馆知识服务工作产生着深刻的影响，使人们重新认识到高校智慧图书馆开展全纳教育活动的重要意义。目前，全纳教育的思想为人们提供了一个全新的角度来思考教育的公平性，这一观点已经在教育界得到了广泛的认同，并逐渐从特殊教育领域扩展到整个教育行业和其他各种文化领域。作为高等教育重要组成部分的高校智慧图书馆，不仅肩负着传递人文社会科学信息资源的重任，还承担着培养学生创新精神，提高学生综合素质的使命。所以，把全纳教育的思想巧妙地融入高校智慧图书馆的知识服务，是一个自然而然的趋势。

2. 需求驱动理论

在产业经济学的研究领域，需求驱动理论被提出的目的是协调产业增长与市场需求之间的关系。如果在产业发展的过程中没有有效的市场需求驱动机制，那么企业将很难保持其健康的发展势头。高校智慧图书馆作为文献情报中心，应主动适应市场经济环境下用户多元化的需求，主要用于满足用户的个性化、专业化及高层次的信息需要，实现由传统向现代转变的跨越式发展。高校智慧图书馆在提供知识服务时，不仅受到用户信息需求的限制，还受到用户日益增长的文化信息需求的推动。基于此提出了一种全新的以读者为中心、以用户需求为导向的高校智慧图书馆知识服务模式——"需求拉动式"知识服务模式。高校智慧图书馆将用户需求视为推动其提供知识服务的核心动力，由于公众、科研机构等用户对知识信息资源的多元化需求，高校智慧图书馆需要不断地调整和优化其知识服务模式，优化馆藏、硬件和人力资源的配置，完善其服务体系，从而在满足不同用户实际信息需求的同时，激发更多的新需求。

3. 知识生命周期理论

知识生命周期理论起源于生命周期概念,当这一理论被引入知识管理领域时,它进一步扩展为知识生命周期的定义。这意味着知识是随着实践经验的增长产生的,它会经历处理、储存和应用的阶段,然后被应用于生产中,并受到实践的检验,从而展现其内在价值。因此,知识生命周期理论研究的是知识如何被创造、获取、整合,最终随着其创造价值能力的下降逐渐被人们遗忘的整个过程。在这个过程中,人始终处于主导地位,所以,知识生命周期就是人与知识相互作用的动态过程。

4. 市场营销理论

市场营销理论的核心思想是企业基于其自身的优势,将市场和消费者放在首位,以满足消费者需求为企业运营的基本准则,同时按照市场的细分和目标市场的定位来制定相应的营销策略,以此来扩大市场份额并实现经济效益。在这种情况下,高校智慧图书馆的市场营销理论应与时俱进,与之相适应并发挥其应有的作用。高校智慧图书馆可以将市场营销理论作为其工作的指导思想,对自身的资源、人才以及基础设施优势进行充分、灵活利用,从市场和营销的角度进行开放经营,使高校智慧图书馆的核心竞争力得到提升。

二、高校智慧图书馆的学科服务概述

(一)高校智慧图书馆学科服务的概念

学科服务的核心理念是以用户需求为核心,根据科学研究的进展和对知识信息的创新需求,而不是简单地按照文献工作流程来组织和提供信息服务。在高校智慧图书馆实施学科服务,将成为今后一个历史阶段的主要趋势。学科化服务是高校智慧图书馆为适应新时代高等教育改革与发展的不同需要而发展起来的一种服务形式。它体现了高校智慧图书馆管理与服务的创新目标,有助于图书馆信息服务有效地融入高校教学与科研活动,值得在更广泛、更谨慎的范围内推广。目前,我国高校智慧图书馆正在尝试建立学科化服务体系。在学科服务的内容和业务流程中,核心是满足用户的需求,为用户提供定制化的信息服务。与图书馆的基本流通服务相比,学科服务具有更高的专业性和知识性,因为提供学科服务的馆员是经过专门培训的综合素质较高的学科馆员。

（二）高校智慧图书馆开展学科服务的必要性

1. 高校学科发展的需要

在高等教育机构中，学科的建设与发展构成了人才培养的基础支柱。作为高等学校三大支柱之一的图书馆也应与时俱进地做好自己的建设工作。高校的综合实力可以通过其学科的含金量和专业能力来衡量，因此除了教学和科研工作，不断强化学科的发展也被视为最关键的基础任务。图书馆在学校中占据着十分重要的地位，它不仅要发挥教师进行文献保障和知识传递的作用，还要通过多种渠道为学生提供个性化服务，促进师生之间的互动交流，提升教学质量。图书馆具有丰富的信息资源优势，可以为学科建设人员提供全方位的支持服务，有效协助教研人员开展日常教学实践和课题研究，从而产生更多高质量、高水平的研究成果。

2. 用户对信息的需求具有明显的学科性

高校智慧图书馆主要服务于教育和科研工作者及学生群体，他们对相关学科有着浓厚的兴趣，信息需求具有十分明确的学科性。随着计算机技术、网络技术、数据库技术和多媒体技术等现代信息技术在社会各个领域中的广泛应用，人们的知识更新速度越来越快，对知识的要求也越来越高。在竞争激烈的职业环境中，学生应该主动吸收各个学科领域的专业知识。网络技术的快速进步，使人们能够从海量的信息中迅速获取所需的资源，频繁使用网络信息的用户，期望集中整合比较分散的学科知识，并从中筛选出对实际应用有益且具有创新思维的知识因素。同时，他们也渴望有更多的机会同学科领域的学者、专家进行交流，这样能够及时了解本专业在各个方面的发展趋势。因此，网络信息资源成为高校智慧图书馆进行个性化信息检索的重要手段之一。面对用户多样化的特定信息需求，非常有必要进一步强化以学科化服务为核心的组织架构，以更广泛、更高效和更便捷的方式，充分满足不同用户在教学和科研方面的多样化需求。

3. 学科化服务是加强高校智慧图书馆资源建设的必然要求

学科服务的一个显著特点是高校智慧图书馆既是服务的中心主体，又是服务的受益者，读者既是服务的接受者和对象，又为服务主体的建设提供方向。高校智慧图书馆通过开展各种形式的学科化服务活动，实现对文献信息资源的有效利用和开发，以满足用户多样化、多层次、多方面的信息需求。图书馆通过和读者的积极互动与沟通，能够更有针对性地采购各种资源，有效避免盲目的主观采购，从而使馆藏资源的使用效率得到较大幅度提升，最终实现"以读者为中心"的目标。因此，学科化服务已成为当前国内外各高校智慧图书馆普遍采用的一种新型服务模式。借助学科化的服务模式，高校智慧图书馆成功地把特定读者群体和图书馆紧密结合，形成一个积极的互动循环，这不仅为读者提供了个性化的专业服务，满足了读者的各种需求，而且促进了图书馆馆藏资源和人力资源的建设，进一步促进了图书馆改革向个性化、科学化、系统化的方向发展。

（三）学科服务的价值分析

1. 有利于提高图书馆的使用价值，创造最大的社会效益

从狭义的角度来看，图书馆的真正价值不仅体现在其经济产值和收藏价值上，而且是借助其特定的使用价值来体现的。广义上讲，图书馆的价值还包括在图书馆活动过程中产生的社会效益和经济效益。"社会经济问题简单地说，是在一个任何人都能够得到部分信息资源的情况下如何利用信息资源的问题。"[①] 图书馆作为人类知识宝库之一，在现代社会中发挥着越来越重要的作用，要使这些作用得以充分发挥，就需要建立一种新的运行机制，即学科化服务体系。其实，学科服务就是学科馆员充分、灵活地利用自己掌握的图书馆情报和专业知识，以用户需求为核心，对图书馆或网络中的信息资源进行收集和筛选，为用户提供更高效、更深入的服务体验。这种新模式的出现使高校智慧图书馆成为文献情报机构中最富有活力、最有生机的一部分。此外，这一过程有利于信息资源的价值转化，特别是部分隐藏的知识可以被发现和应用，这表明图书馆的馆藏资源或网络资源将得到更充分、更广泛的利用，从而使图书馆的使用价值得到提高。

2. 有利于提升图书馆服务的整体水平与服务质量

要实现学科服务，就必须建立完整的服务模式，这无疑是图书馆的一次创新尝试。高校智慧图书馆需要建立坚实的"物"的基础，包括不断更新图书馆硬件设施、引进和更新新技术等。学科服务十分注重团队之间的合作，不仅要求学科馆员在学科知识与服务技巧上持续进步，还需要他们展现出强烈的责任心和团队合作精神。

---

① 农艳春：《大数据时代高校图书馆服务工作研究》，吉林大学出版社2018年版，第38页。

3. 有利于提高读者价值

图书馆读者价值的形成、转变和实现过程，实际上是读者从图书馆获取的知识所带来的益处被逐渐转移到社会的各个方面。随着知识经济时代的到来，高校智慧图书馆也应顺应这一趋势，积极开展学科建设工作，为培养高层次人才提供智力支持。为了更好地开展学科服务，学科馆员需要积极参与读者科研活动，与重点学科用户建立密切的互动关系。这种互动主要是通过全信息集成服务来加强信息服务的广度和深度，从而获得读者的满意。提高读者的满意度是实现读者价值的集中表现。因此，学科服务是图书馆在新形势下为适应市场经济发展采取的新措施之一，为了增强读者的价值，必须真正全面地开展学科服务。

4. 有利于提高图书馆馆员价值

馆员价值是图书馆为馆员所提供的价值，这主要体现在满足馆员在物质和精神上的不同需求上。馆员作为图书馆事业发展最重要的因素之一，其价值直接影响着图书馆的服务质量与服务水平。提升图书馆馆员的价值旨在增强他们对图书馆的忠实度和提高工作效率，从而为社会带来更大的价值，且使人力资源服务的"投资回报率"得到相应提升。目前，国内高校图书馆普遍存在着馆员流失严重等问题，学科服务正是解决这些问题的有效途径之一。学科服务的发展为学科馆员提供了广阔的空间，图书馆馆员致力于学科服务，逐渐从知识提供者转变为重要的信息资源建设者。需要注意的是，在这一过程中，学科馆员应始终与学科用户保持沟通，实现信息和思想的交流与碰撞，学科用户可以通过学科馆员获取大量自己感兴趣领域的最新研究成果。因此，学科服务模式不仅为图书馆馆员实现自我价值提供了良好的平台，而且促进了个人素质的不断提高和知识的不断更新。

第二节　高校智慧图书馆服务创新的必要性

一、服务创新是经济技术进步的需要

现代高校智慧图书馆正处于知识经济的时代，随着信息的广泛普及，人们对自身所掌握的科学知识、技能提出了更高的要求。知识与信息在推动经

济与社会发展中的作用日益凸显。全球市场经济正逐步向一个以知识和信息为核心，同时存在竞争和合作的模式转变，随着世界经济的不断发展，各国的发展与繁荣和人类的未来命运都将日益依赖于知识的创新和运用能力，以及其运用的效率。在此背景下，高校智慧图书馆作为一座汇集了大量知识与信息的宝库，如何将其中包含的各类知识和信息进行有效运用，将其内部的各种知识和信息有效地转换成现实的生产力，是当前高校智慧图书馆面临的一个问题。

（一）知识经济的形势要求

1. 知识经济的特征

在20世纪90年代，随着高科技信息型新兴产业的兴起，社会发展出现了新的趋势。这一趋势推进了经济领域的巨大变革，知识在其中扮演了重要的角色，它不仅成为经济发展的直接推动力，而且也为知识经济时代的到来开启了新的序章。

知识经济是以知识为基础，以脑力劳动为主体的经济。具体来说，它是计算机（多媒体）、高新技术（以微电子技术为核心）、创新的知识、革新的通信、网络（互联网）等都由"人"管理操控，使经济组合与要素组合的一种新的生产方式。

专家、学者们对于知识经济的理解在本质上是一致的，也就是经济活动的重点在于获得和经营知识，以及依据科学技术进行的知识生产、分配与使用。知识经济中必不可少的资源要素是智力资源和无形资产，我们可以运用自己已有的知识与智力合理、科学地利用自然资源。知识经济的核心内容在于知识的应用、知识的传播和知识的创新，知识经济可以说是一种经济形态，知识经济的应用需要复杂的组织和功能机制来支撑。

2. 知识经济对高校智慧图书馆的影响

实施"科教兴国"战略有助于为知识经济的发展打下基础，这也是党和政府所倡导的。中国数字高校智慧图书馆工程旨在促进知识的创新和管理，推进并参与创新，以此为知识经济发展作出重要贡献。

在知识经济的背景下，充分利用、传播知识资源是当前亟须做到的事情，而对知识的创新已成为当今社会发展的重要推动力。因此，如何有效地实现知识信息的采集、整理与传递，是当前高校智慧图书馆面临的一个重大挑战。

高校智慧图书馆的发展趋势在于积极主动地适应经济社会的发展需要，加强自身发展活力，注重改革创新。

（二）信息技术的形势要求

1. 信息技术的现状

信息技术是一种能够拓展人类在信息生成、获取、传递、处理、储存、呈现与应用等方面能力的技术。它的发展逐渐从低层次向高层次转移，与人类对外部世界认知和掌控能力的提升息息相关。现代信息技术包括人工智能、光电子技术、计算机、微电子技术、光导技术等领域。如果说以软件和微电子技术为基础的计算机是现代社会的"大脑"，那么现代社会的"神经系统"就是由通信卫星、可编程交换机、大容量光纤等现代通信设备组成的全球电信网络。现代信息技术的进步将对社会各个方面产生深远的影响，包括经济、政治、文化、社会等各个领域。

2. 信息技术对高校智慧图书馆的影响

网络化、数字化的信息技术，强烈地冲击着高校智慧图书馆的传统服务。网络的出现打破了传统的信息流通方式，突破了地理局限，使全球范围的信息共享成为现实。随着数字和网络技术的普及，高校智慧图书馆作为知识中心，需要进行全方位技术升级。信息资源数字化给各个高校带来许多便利，它既能丰富高校智慧图书馆的虚拟馆藏，又能扩展其服务领域，优化了传统的信息传递方式，实现了信息的快速传递和便捷使用。所以，在高校智慧图书馆中，数字化建设是一个必然的发展方向，同时也需要开展多样的服务创新，成为21世纪高校智慧图书馆迎接网络时代的重要战略。

（1）文献资源数字化

传统高校智慧图书馆的信息资源以文献为主，且多为纸质印刷型文献。随着信息科技的发展，纸质印刷型文献垄断信息载体的状态逐渐消失，新的信息资源，如互联网信息源、数据库等大量涌现，种类和数量也不断增多，同时也能通过网络通信和计算机终端，精确而快速地浏览和检索使用这些信息资源。随着时间的推移，人们呈现信息的方式变得越来越丰富多彩，除了文字、数值，还包括软件应用、图像和视频等多种信息表现形式。这些新型多样性的信息资源类型多，数量多，且获取方式也得到了改进。这将成为未来高校智慧图书馆信息资源的主体，推动高校智慧图书馆服务向多元化发展。

(2)传播载体多样化

长期以来,信息储存的传统手段一直将纸张作为主要传播媒介与载体。随着多媒体、超媒体计算机技术的发展,加上光纤技术的愈发成熟,知识的传播形式发生了变化。传统的纸质载体已经不再独占主导地位,大量应用磁介质、光介质、光盘及电子出版物等新兴媒介取而代之。除了文字载体,现代技术还可以将信息以缩微、电磁波、语音、声像或网络等方式进行存储和传播。随着传播方式的多样化和多元化,我们无须关心所需信息存储在何种媒介中,网络资源的社会化和共享性已经开始显露。

(3)服务手段现代化

高校智慧图书馆的传统服务手段主要使用手工操作,因此服务效率低下,服务的速度很慢,服务的内容少、限制多。读者需亲自到馆内寻求帮助,受时间和地点的限制,同时服务质量受馆员个人学识和经验的限制,导致效果不尽如人意。在信息技术与网络通信都得以进步的新形势下,高校智慧图书馆的服务模式已向现代化方向发展。为了提高检索的效率,扩大检索的范围,高校智慧图书馆可以采用计算机检索、数据库检索等新型的文献检索方法,读者无须到图书馆就能享受到图书馆新开通的网上预约、网上借还书等新业务。

二、服务创新能够满足读者需求的当务之急

(一)读者需求与高校智慧图书馆服务之间的差距

有专家曾指出,读者需求与高校智慧图书馆服务之间的差距决定着读者对高校智慧图书馆的满意程度。因此,高校智慧图书馆在提升服务质量的同时,也要结合实际情况,始终将读者满意作为重点和最终评判标准。在此背景下,笔者对读者需求和高校智慧图书馆服务进行了深入的研究。

1.读者实际需求与馆员对读者需求的理解之间的差距

读者实际需求与馆员对读者需求的理解之间存在一定差距,这也是高校智慧图书馆服务中最基本的差距。馆员若不能对读者需求做到真正的理解,就不能为读者提供满意的服务,也不能维护读者的权益。造成这种差距产生的原因是馆员没有与读者沟通到位,致使馆员所做的调查研究不够全面,无法准确了解读者的实际需求,更无法准确了解读者的潜在需求,从而无法根

据所得的信息制定合适的经营决策。再详细地讲，就是馆员没有对读者需求进行广泛的调研和研究，造成了高校智慧图书馆的服务并没有真正地满足读者的需要。

2. 服务质量标准与馆员对读者需求的理解之间的差距

读者在评价高校智慧图书馆服务时通常会关注服务质量，而服务质量的反映通常是全面的和具体的。如果组织决策部门制定的服务标准不能准确地反映读者的需求，也就是存在不一致的情况，那么就会产生差距。导致该情况的具体原因包括：承诺的服务质量不符合实际情况；缺乏对服务质量标准的实际可操作性的认识；缺乏监管机制确保馆员能够始终如一地为读者提供高质量的服务；服务质量标准缺乏与读者期望直接相关的目标，使得读者无法全面了解服务质量是否符合其期望；等等。

3. 服务质量标准与实际服务质量之间的差距

在市场经济社会中，前往高校智慧图书馆的读者常常以消费者的身份衡量所提供的服务质量。高校智慧图书馆馆员的能力、态度、动机、个人素质等因素直接影响实际服务质量。高校智慧图书馆馆员由于其业务知识不足，必要的技能培训学习不足，对岗位职责的认识不足而难以完美地完成工作，他们认为，每个人都有自己的个性需求，身为图书馆馆员不可能使得所有人都满意，这些也是造成服务质量与标准之间存在差异的主要原因。除此之外，还有一个重要原因是馆员会受到管理体制的制约，管理体制的固定要求限制了馆员在处理问题时的发散创造性思维，没有机会表达自己的想法，从而产生被管理者忽视的感觉，在一定程度上不利于馆员良好服务态度的塑造。

4. 高校智慧图书馆服务与相关的信息交流之间的差距

高校智慧图书馆服务与相关的信息交流之间的差距，也就是图书馆所承诺的服务与实际进行的服务不符。导致这种差距的最主要原因就是不合实际的服务承诺。例如，联机公共检索目录（Online Public Access Catalog，以下简称 OPAC）将自动化和统一化结合在一起，为用户带来了很多好处。但是，如果在使用时出现操作失误，尤其是对于初次使用者来说，这种失误可能会超出高校图书馆馆员的控制能力，从而阻碍了承诺服务的实现。造成差距的另一个原因是，高校智慧图书馆馆员向读者传达了错误信息。例如，高校智慧图书馆馆员向读者传达了高校智慧图书馆非常利于读者，能够最大限度地满足读者需求的理想化信息，读者因此对高校智慧图书馆的服务产生期待，期望过高；然而高校智慧图书馆所提供的服务与读者期待的差距过大，最终导致读者心理落差大，降低了用户的满意度。

（二）服务创新是满足读者的新需求

高校智慧图书馆工作与发展需要解决的两个核心问题包括：第一，高校智慧图书馆工作的根本原则，即要始终以读者为中心，追求服务至上，践行"全心全意为读者"的理念；第二，高校智慧图书馆要根据时代的发展与需求，及时地进行自我审视、自我调适，这也是其发展的重要规律。

为了不断提升高校智慧图书馆的服务质量和水平，既要认清未来的发展趋势，又要精准把握当代读者的新需求。同时，要正确认识到读者的新需求和现有的智慧图书馆服务之间的差距，要在智慧图书馆的服务对象、服务内容、提供服务的人员、服务理念等方面进行创新，以满足读者的新需求，进一步使智慧图书馆的读者服务工作质量得到显著提高。服务创新并非完全否定高校智慧图书馆的传统服务模式，它是高校为适应新形势而提出的要求。

1. 服务理念人本化的要求

高校智慧图书馆的服务宗旨是将传播人类的知识与文化作为使命，不断地深化"以人为本"的观念，提供个性化的服务，提倡服务第一的宗旨，始终将读者放在首位。面对网络经济时代的到来，高校智慧图书馆应改变"以馆藏为本"的传统模式，全面贯彻"以人为本"的新服务理念，实现工作导向的转变。打破传统服务模式，从被动等待读者转变为主动给读者提供有针对性、多样化的精准服务；传统的实体图书馆将转变为现代的、广义的社会信息中心。最大限度地满足读者的需求，充分体现图书馆"以人为本"的服务宗旨。

2. 服务内容知识化的要求

在高校智慧图书馆中，读者对信息的要求和期望不断提高，这使得高校智慧图书馆的工作重心从普通的文献服务转向知识服务。知识服务是通过对信息资源的深入挖掘和充分利用，为用户提供更高层次服务的一种前沿研究活动。知识服务是针对决策机构和特定读者，通过检索、整理和分析，提供一些有利于知识应用和创新的服务。因此，知识服务对促进知识的传播、应用和转化具有重要意义。高校智慧图书馆在满足读者基本信息需求的同时，还应从海量信息资源中为读者选择能够解决实际问题的实用性信息内容，并通过对数据的深入分析和处理，将其转化为相应的知识解决方案，进而应用于新的科研项目和产品设计中,提高情报服务的知识含量。

3.服务项目特色化的要求

在网络化时代,高校智慧图书馆需要更加紧迫地强调其馆藏和服务特色,以适应新的时代要求。这种变化也带来了更大的规模效益,同时也为其提供了更好的发展机遇。在互联网的背景下,文献资源共享要更多地关注各个图书馆的独特馆藏。此外,每个图书馆都需要开发特色信息库与信息源,以此构建自己的独特馆藏,从而增强自己的吸引力,在网络上巩固自己的地位。基于以上分析,高校智慧图书馆可采取一种新的图书馆管理模式,即从常规化的读者服务模式转向特色化的读者服务模式,这样可以更好地满足日益增长的互联网用户的个性化需求。

4.服务方式多元化的要求

目前,网络技术在高校智慧图书馆广泛普及,社会公众对文化的需求也越来越高,高校智慧图书馆不得不对过去单一的馆藏文献外借和馆内阅读的服务模式进行改革,以满足不同用户的需求。因此,高校智慧图书馆可充分利用现代化的网络平台,为不同的用户提供各类数据库、知识库、线上和线下相结合的信息服务。此外,还可以提供一些智能化、实时性和交互性强的服务方式,如知识发现、网络呼叫等,让用户享受到个性化的服务体验。这种服务方式可以同时提供实体和虚拟馆藏,丰富了图书馆的服务内容,提高了图书馆的服务能力。

第三节 高校智慧图书馆资源的整合、开放与服务创新实践

一、高校智慧图书馆异构系统的整合

(一)信息资源整合的体系结构

信息资源整合的体系结构分为用户表现层、中间应用层和数据资源层三个层次。

1. 用户表现层

用户界面整合的目的就是要根据一定的标准和规范，合理地组织和引导来自不同信息源的零散信息，以符合用户的需求，让用户可以在使用时迅速、准确地找到所需要的信息。表现层的整合相对简单，效果也更为显著，但是它只能展现出信息源表层信息，无法对其中更为丰富的关联知识进行深度挖掘。

2. 中间应用层

在中间应用层整合时，通过使用中间件等技术，把用户的查询请求转换成特定信息系统的检索方式、查询语言。它能实现逻辑上的整合，通过向各个数据资源系统发送检索请求，处理响应的检索结果，将这些信息集成到一个界面中，并将其反馈给用户。应用层集成虽然能在一定程度上解决不同信息系统之间的分离和重复问题，但不能从根本上解决不同信息系统之间的异构性问题。只有将数据资源统一整合到一个层面上，才能彻底解决信息系统间的异构性问题。

3. 数据资源层

整合数据资源层的目的是解决在信息共享中，由于数据语法存在差异而引发的异构性问题。由于不同系统之间采用的数据表达和存储方式有所不同，各子系统产生了孤立的数据形态，因此彼此间的互相交流变得相当困难。通过整合数据资源层，不同系统可以相互理解和处理信息，实现直接的数据交互，并在不同结构、不同语法、不同位置的信息之间建立联系，从而达到信息互操作的目的。

语义在信息检索的全过程中一直扮演着不可或缺的角色。明确、清晰的语义描述是对数据进行准确计算和推理的基础。由于不同学科对现实世界的认识和理解不同，各个领域的命名方法、句法结构、数据结构等也不尽相同，因此不同系统之间必然存在语义上的差异。数据语义层的集成旨在消除系统之间的语义差异，试图通过语义层的互操作性实现系统集成的最高层次，从而从根本上解决异构系统中的数据异构问题。

（二）信息系统互操作策略研究

1. 用户表现层整合的互操作研究

整合式用户界面并不是建构与传送信息，而是重点关注信息来源，其核心是信息资源的评价与筛选、信息的整理与分类。具体的实现方法有信息资源导航、指引数据库、整合搜索引擎等。

信息资源导航是在众多信息系统中，对信息位置加以归类与关联的一种方式，以帮助用户快速、准确地访问所需信息。该方法能够收集大量信息地址，并利用分类法或主题法将它们组织起来，提供导航服务，使得用户可以方便地查找到相关信息。

建立一个不储备具体信息资源，只为读者提供访问指引服务的数据库，读者可以通过查阅数据库，按照指引查找所需信息资料的具体地址，这是一种比较普遍的资料组织方法。在利用指引库进行信息检索时，用户可以一层一层地进行浏览，从中找到自己需要的、最有价值的信息，并按照这些线索寻找相应的网络信息资源，这极大地满足了读者的需求。

在一个互联网界面上，将多个搜索引擎组合在一起，形成一个整合式的搜索引擎，使用者只要输入一条搜索信息，就可以让多个搜索引擎同时运行，并在同一个界面上显示出搜索结果。

利用用户界面整合，将异构信息系统内的数据资源通过较为浅显的方式进行数据资源关联。要想更深入地了解到知识之间的具体联系，就需要将应用程序和数据结构整合在一起并进行深入分析。

2. 中间应用层整合的互操作研究

各种应用系统被视为中间应用层，用于处理、储存、组织、发布、管理、服务和检索数据。应用系统运行时，会有系统兼容性问题需要克服，这种问题主要是由于操作系统和软硬件异构而引起的。保障系统之间的连接和通信没有任何问题之后，才能在异构系统之间进行互操作。当前采用的互操作技术有以下 3 种。

（1）跨平台支持

保障不同结构的系统之间能够进行数据交流互动是在异构环境中系统互操作的主要问题。为此，可以使用两个较高层次的协议：CORBA（Common Object Request Broker Architecture，公共对象请求代理体系结构）与 DCOM（Distributed Component Object Model，分布式组件对象模式）。这两个协议都为分布式对象技术，其中，CORBA 通过定义语言、平台无关的规范，使不同的软件之间可以进行分布式异构的互操作。该方法可以在分布式、多源代码、异构系统和多个计算环境之间进行通信，且不受硬件、操作系统等因素的影响。COM（Component Object Model，组件对象模型）是一种将构件作为发行单位的对象模型，它实现了构件之间的相互联系，即可以让不同软件构件以统一的方式进行交互。而 DCOM 是 COM 的一种拓展，它使得组件对象与客户端程序之间或者组件对象之间能够进行相互通信，这种通信能够跨越不同计算机中的异构系统，不论这些计算机是在局域网内部，还是在广域网或互联网上。这样一来，就为实现异构系统间的数据交互提供了便利。

（2）中间件技术

软件层，也就是我们所说的中间件，它是分布在应用系统与操作系统之间的一种特殊结构。它可以高效地控制网络通信和计算资源，促进协作和互动发生在不同的分布式软件模块之间。中间件是一个能够在多个操作系统、硬件平台上独立运行的、为用户提供通用的编程接口和通信协议的一个系统程序或软件服务。除此之外，它还有可以帮助实现分布式计算的能力，以便更好地满足不同业务系统的需求。中间件为应用程序提供了跨硬件、网络和操作系统的服务，使开发者不必关注这些底层限制。通过中间件，不同构架的分布式系统之间可以实现互相操作，而无须关心网络协议和操作系统的具体差异细节。

（3）Web Service 技术

Web Service 是在互联网上使用分布对象技术的一种扩充。Web Service 是一种基于多种已有的异构平台构建起来的一种通用技术层。它可以与各种不同的平台兼容，而且与平台和语言无关。借助这一技术层，可以轻松地连接和整合不同平台之间的数据和功能。Web Service 采用了面向服务的结构，并融合了分布式对象技术和 Web 技术的优点，XIM（工具包文件位图图形）为数据描述和交换标准；UDDI（Universal Description Description and Integration，计算机科学术语，是一种用于描述、发现、集成 Web Service 的技术）为服务注册和发现机制；WSDL（Web Services Description Language，为描述 Web 服务发布的 XML 格式）为服务描述语言机制；SOAP（Simple Object Access Protocol，简单对象访问协议）为信息交换协议。Web Service 技术在今后会越来越受到重视，被认为是将来能够实现分布式环境的最优解决方法。

除此以外，P2P技术、移动Agent技术以及网格技术等也提供了很多种不同类型的解决方案，以便于能够实现异构系统之间的数据交换。

想要解决异构系统之间的数据传输和交流等数据传输问题，可以选择运用中间层技术。充分挖掘中间应用层的多种应用服务，以达到对分布式异构数据的深度关联与融合。

3.数据资源层整合的互操作研究

数据资源层的整合需要解决数据语法层面异构在解决信息交换中的问题，不同的信息系统要能够识别并处理互相的信息。数据资源的整合往往通过元数据的互操作来实现。

（1）通过建立统一的资源描述标准来实现数据层的互操作

为了让不同的信息系统能够共享数据，我们可以制定一个普适的资源描述规范，这样可以提升数据层的互操作性。元数据指的是一种用于描述信息资源或数据特点和属性的结构化数据。在某些领域，我们可以制定一套通用的元数据规范，用于描述相关数据。在书籍相关领域，MARC（Machine-Readable Cataloging，机读目录）元数据已经被广泛地采用并作为标准，EAD（Encoded Archival Description，编码档案著录）元数据可用于显示与文献、档案、手稿等有关的信息，GEM（Generic Equipment Model，一种标准通信协议）系统可以对教学资源进行说明，GLIS（Global Land Information System，全球陆地信息系统）元数据可对政府信息资源进行详细说明，等等。这种标准化的数据描述集合提供了一种共同的规范，使得建立在此基础上的不同系统能够互相交流数据资源，而不受各自语法差异的影响。这样，数据资源可以在不同系统之间实现互操作。

（2）通过不同描述标准的转换来实现数据层的互操作

特定领域中会使用不同的数据来源，这些数据来源的格式不同，但可以采用元数据对其进行统一的描述，使其能够在不同的系统中进行交互。由于各个领域使用的元数据格式不同，因此必须识别和转换多种元数据格式，以确保系统之间的数据交换。目前，有以下两种方法可以实现元数据的交互。①格式映射。利用格式映射的技术，可以在保持元数据意义不变的情况下实现多种格式的转换。比如说，将Dublin Core格式（一种国际性的元数据标准）的元数据转换成USMARC格式（美国机读编目格式），或将USMARC格式的元数据转换成 Dublin Core 格式。这个方案通过外部协调机制来增强系统之间的互操作性，遵循了各个领域系统相互独立的原则，而不是依赖于系统内部的互操作机制。这种架构的好处在于各个系统之间保持独立，因此扩展不同类型和数量的互操作系统更加容易。不足之处在于，每个系统都需要一个外部协调机制以确保它们之间的互操作性，随着系统数量的增加，也必须具备处理不同元数据格式之间转换的能力。因此，在实际操作中，存在许多限制因素。②标准描述框架。标准描述框架是指构建一种能对各种元数据进行统一描述的、标准的资源描述框架。只要系统能分析出标准描述框架，那么就可以直接读取相应的元数据。XML（Extensible Markup Language，可扩展标记语言）与 RDF（Resourse Description Framework，资源描述框架）所扮演的角色也有相似之处。其中，XML 借助标准的 DTD/Schema（一种特殊文档）的定义，使得具有 XML 解析能力的系统可以识别 XML 文档中使用 XML-DTD/Schema（一种特殊文档）所定义的元数据，从而有效地解决 XML 文档中各种格式的释读问题。RDF 定义了资源、属性和描述的基本模型，构建了用于定义和利用元数据的框架，该框架是操纵元数据的工具。该体系结构支持一般意义上的语义、语法和结构，从而可以在多种元数据体系结构中提供互操作。

元数据是用以对数据资源进行描述及整合的内容。在此基础上，可利用具有兼容性的元数据，使各个信息系统之间的数据在统一的平台上进行整合，以增强数据资源之间的衔接。在对半结构化与非结构化数据进行处理之前，首先要构建元数据库，然后将其集成到这个数据库中，从而达到对数据的集成管理。整合数据资源层能够处理来自不同数据源的分散、异构和内容重复等问题。

高校智慧图书馆要想将异构信息系统进行整合，需要让异构子系统间进行通信与数据交换，这涉及多个层次和多个要素，具有很强的挑战性。虽然目前已有的研究成果可以为单个异构系统提供互操作，但是要构建一个具有普遍适用性和通用性的互操作规范，仍有许多需要完善的地方。要实现异构信息系统的整合，必须在数据语义层面上实现互操作。尽管各种元数据标准在语义上差别很大，但是通过语义网的本体技术来实现语义层次的互操作，在一定程度上也能够解决这一问题。所以，在高校智慧图书馆的信息系统整合研究中，实现语义层的互操作性仍然是一个具有挑战性的重要问题，未来的相关研究需要进一步加强。

二、高校智慧图书馆资源的开放

（一）现有高校智慧图书馆资源开放的主要问题

高校智慧图书馆作为一种制度保障，确保每个公民均可平等地享有基本文化权益。由于在传统的条件下，人们在空间上都受到了很大制约，而且各个图书馆的情况也存在着很大的差别，人们无法公平地享受图书馆提供的服务。智慧图书馆的服务水平和范围随着互联网的发展得到增强，从而让人们能够更加平等地共享图书馆的服务。

地区的经济发展水平差异影响图书馆的发展水平，高校智慧图书馆的发展建设资金主要来自政府支持，主要的服务主体是校内的师生。各地区经济发展水平不平均，省级高校和中心城市的高校智慧图书馆集中拥有更多资源。由于高校智慧图书馆的持证读者主要是在校师生群体，尽管高校智慧图书馆资源开放了网络服务，但是师生群体需求以论文和研究为主，图书馆开设的文献服务也以研究内容为主，与广大人民群众仍然存在数字鸿沟。

（二）高校智慧图书馆资源开放策略

1. 扩展引进资源的开放服务范围

高校智慧图书馆所能提供的资源服务，可以从四个层面进行分类：仅限于图书馆内部提供的服务；只有拥有网络读者证的读者才能进入；允许网络上的用户进行注册；享有无限制的网络访问权。高校智慧图书馆的资源服务应该向更多人开放，不应该只局限于到馆办证的读者。同样的，高校智慧图书馆应当提高服务质量，增加便利性，如将在线注册的读者纳入服务范围。这种做法的益处在于能够让更多居住在偏远地区的读者从中受益，另外，它对于高校智慧图书馆促进服务均等化等方面的努力也有着重要意义。国家图书馆在全国范围内向实名注册的网络读者开放了大量的数字资源，其中包括古籍、论文、期刊、工具书、报纸、图书、音视频、数值事实等，这一举措不仅为读者提供了更广泛的资源服务，也为资源扩展活动提供了借鉴。

如果要让网络注册用户也能够使用大学图书馆的数字资源服务，就必须获得资源供应商的授权和支持，这样做会增加图书馆网络用户的数量。相对于亲自前往图书馆申请借书证而言，在线注册使用户能够自由地在任何时间和地点完成申请，不受任何限制。一旦成为网络注册用户后，将获得大量的数字资源服务。考虑到自身利益，出版商常常会要求加价将资源转让。为了扩大高校智慧图书馆引进资源的服务范围而不增加过多的经费投入，需要对开放资源进行一定限制，并建立一种合作新模式，以让出版商认可并使双方获益。

①为了确保网络服务的注册用户仅限于高校图书馆所在的行政辖区内，采取了IP控制和身份证居住地验证等措施。此外，需要实施限制措施来控制注册用户下载资源的数量。"中国知网"同意向深圳市高校图书馆持证读者提供网络开放服务，但同时也制定了限制：每位读者每月最多只能下载465篇论文。这项规定的目的在于保护出版商的利益。相比之下，馆内用户可以自由地下载任意数量的资料。

②若是采取基于并发用户数定价的模式，图书馆可要求出版社归纳不同类型服务的并发用户数，包括馆内读者、有证网络读者和已注册网络读者，并对并发用户数进行限制。

③如果按用户规模收费，则应考虑对同一网络上已注册的用户人数进行限制。

出版商提供了面向个人用户的收费服务，为读者提供更多的资源服务，以弥补馆外注册读者数字资源使用量的限制。在出版社的资源服务平台上，读者可以自由地选择自己想要的内容。选择这样的服务方式，可以增加出版社的收益，从而达到读者、图书馆和出版社的共赢。

2. 推进自建资源的无限制开放

随着"公共数字图书馆推广工程"的实施，高校智慧图书馆的自建数据库也有了起色，并在逐步向前发展，有的省、市的高校图书馆的自建资源种类多达一二十种。智慧图书馆的数据库资源包括有版权的资源和失去版权的历史馆藏资源，为了更好地服务读者，图书馆数据库必须使用有版权的资源。也就是说，必须事先征得权利人的同意。图书馆建设特色数据库，里面存储那些未受版权保护的历史文献，不需要授权就可以进行使用。特色数据库可以在网上无限制地开放使用，具有版权。

高校智慧图书馆个性化数据库享有知识产权，同时还可以自主选择服务模式。除此之外，那些使用范围较为有限的数据库可以通过收费服务的形式来补偿资源建设的资金投入，经过审批后便可实施。目前，大多数高校智慧图书馆的内部服务均采用自主开发的资源，且免费向读者提供。出于保护珍贵资源等方面的考虑，高校智慧图书馆对这些资源的使用进行了限制。高校智慧图书馆是为广大民众提供文献资源的公益性服务机构，是面向社会开放的公共机构。政府提供财政援助，确保所有文献资源（包括自行构建的数据库）向公众开放。因此，它应该尽量向公众敞开大门，除了涉及国家安全等信息不宜公开，不应设置过多的使用限制，使公众可以更全面地享受知识资源与文化服务。

三、高校智慧图书馆的毕业生服务创新实践

近几年，各高校都在积极开展读者服务工作，如通过互联网开展网络新生教育课程和多样化的阅读推荐活动，但在提供毕业生服务方面依旧存在不足之处。为了在毕业生与高校智慧图书馆之间架起一座桥梁，更好地满足毕业生的高层次心理需求，某高校上线了"校园记忆之高校智慧图书馆生活"纪念册系统（下文简称"记忆系统"）。该系统将学生在图书馆学习的日常都记录下来，同时增添社交网络元素，使其更能触动人心。记忆系统最大的价值是让毕业生有机会把自己对大学的记忆永远保留下来。这样的服务不仅得到了大学生的欢迎和积极参与，而且还很好地满足了大学生高层次的心理需求。

（一）总体思路

通过呈现每位毕业生在高校智慧图书馆内的生活场景，记忆系统成功地缩短了毕业生与图书馆之间的距离，使毕业生与图书馆之间的认同感和亲近感得到了提升。记忆系统的总体策略是通过数据挖掘来获取毕业生在校期间留下的信息，并制定相关规则来整合这些数据和文案，以便开发系统。本书主要从系统的实现方面展开阐述，重点在于描述其在表现形式方面的特点，这些特点基于已有的详尽流通数据总结而来。记忆系统整体设计主要有5个方面，采用层次化的实现方式。

1. 文案设计

设计记忆系统的文案旨在满足毕业生的情感需求，同时激发他们充满活力的青春能量，鼓励他们自信地面对未来的挑战。在这个系统中，以第一人称为视角，生动地描述一位毕业生在入学到毕业期间的生活和学习经历。该系统将对每个毕业生在图书馆的到访情况进行精确记录，包括每个学期的到访时间、借阅图书数量及总到访天数和借阅总册数等详细信息。同时，通过对毕业生的借阅数据等方面信息的分析，更好地了解他们的阅读兴趣。

2. 规则支持

记忆系统能够满足不同类型读者的不同需求，为其设置了不同类别的界面。另外，该系统还可以根据学生的借阅情况、到馆情况为学生提供个性化的"高校智慧图书馆记忆"。为了实现这一目标，高校制定了以下3个规则。

（1）判断读者类别

读者主要分为三类，分别是非毕业生、本科毕业生、硕士毕业生。对于非毕业生来说，这个系统会告知本系统不对非毕业生开放，系统只显示一张静态图片；对于本科毕业生，该系统中显示在校时间段为四年，学期数为八学期；对于硕士毕业生，该系统中显示在校时间段为三年，学期数为六学期。

（2）判断到馆情况

倘若是没有来过高校智慧图书馆的毕业生，记忆系统会弹出表示遗憾的界面。对于已入馆登记过的学生，系统会将有关资料进行存储和展示。在该系统中，毕业生被分成了十个等级，每一个等级都有一个称号，用有趣的方式表达毕业生的到馆情况。

（3）判断借书情况

当一个毕业生有借书记录时，记忆系统会根据他们借阅的书籍数量将其分为十个等级，并为每个等级取一个对应的称谓。通过对毕业生的借还历史的分析，该系统可以概括出毕业生所喜爱的书籍种类，并据此推断毕业生的阅读特点和喜好；对于从来没有借阅过图书的毕业生，记忆系统只会呈现出一个表示遗憾的界面。

3. 数据挖掘

高校智慧图书馆可以记录毕业生在校期间的入馆记录和借阅图书的记录，这些记录数据是记忆系统数据的主要来源。记忆系统可以通过这些记录数据分析每位毕业生的借阅喜好和到馆信息，从而了解毕业生的阅读倾向。

4. 数据安全

高校智慧图书馆中读者留下的信息属于个人隐私，在未得到他们的同意之前，公开这些数据可能会泄露他们的隐私，从而产生负面影响。毕业生必须验证后才能够访问"个人高校智慧图书馆"账号系统，账号内的隐私权限都由毕业生自行决定，能够保证数据的安全性。

5. 系统架构

该系统的实施基本采用四种分层方式，即应用层、业务层、表示层和数据层。其中，应用层主要负责HTTP（Hypertext Transfer Protocol，超文本传输协议）请求的转发，并向业务层发送用户操作；业务层主要是对毕业生的操作进行管理，依据毕业生在学校智慧图书馆账号或在数据库中的操作查询相应的学校智慧图书馆的相关资料；表示层主要是指浏览器端，将设计好的文案通过网页显示出来，实现与用户的交互；数据层主要是存储与管理由地方数据库提供的数据。

（二）功能规划

记忆系统旨在将毕业生在高校智慧图书馆的经历以形象、生动的方式表现出来，并长时间保存下来，成为毕业生"高校智慧图书馆记忆"的一部分。高校智慧图书馆的服务主要包括两个方面：一是记录所有资源的使用情况，即毕业生的借阅记录；二是要记录读者的借阅历史。记忆系统是由多个部分构成的，这些部分包括封面模块、到馆情况模块、借书情况模块、阅读倾向模块、提醒服务模块、高校智慧图书馆祝福模块和分享功能模块，它们协同工作，形成了一个完整的综合系统。

1. 封面

这个系统会出现一张"高校智慧图书馆记忆"的封面，里面有毕业生的名字和他们在学校的时间。此外，该系统还会做出只对毕业生开放的相关说明。

2. 到馆情况

（1）第一次到馆

将毕业生首次到馆的时间和地点，以及距离新学期开始的时间用一张图片显示出来。

（2）到馆总天数

统计毕业生在校期间的总天数和进入智慧图书馆的总天数，并依据统计结果，建立到馆指标及相应称号。该系统将到达次数划分为十个等级，并用五颗星标识。随着等级的提升，星级也会逐渐增加，每个等级增加半颗星。当所有等级都达到最高时，毕业生则能够获得"泡馆达人"的称号。

（3）每学期到馆天数

通过对各学期学生在校时间的动态分析，建立了一个柱形图，以直观的方式反映毕业生在学校各个时间阶段的到馆情况。同时，柱形图还应考虑到本科生和硕士生学期数的差异，分别确定横坐标值。

3. 借书情况

（1）借的第一本书

记录毕业生借的第一本书是在何时借的，书名是什么。

（2）借书总册数

统计毕业生在学校的借书总册数，并按照学生所借阅书籍的总数，给他们赋予"阅读状元""阅读榜眼""阅读探花"等十个大类别的称号。

（3）各学期借书情况

通过柱形图记录毕业生在校期间的借书情况。

4. 阅读倾向、提醒服务、高校智慧图书馆祝福

①分析毕业生借阅书籍的类型，了解毕业生的阅读倾向。

②请学生自行下载自己的借阅历史；提醒学生注册读秀（由海量数据及资料基本信息组成的超大型数据库），在毕业后十年内仍可继续使用母校的智慧图书馆的资源。

③用恰当的语录来激励毕业生，鼓励他们向前看，开始新的生活。

5. 分享功能

社交媒体已成为人们日常生活中不可或缺的一部分，同时也成了读者进行情感沟通的一种重要途径。在这个系统中加入了一个和社会网络交互的功能，可以让图书馆的记忆系统发挥更大的作用。学生可以将自己在智慧图书馆中所学到的知识和经验，通过该平台进行共享。该系统的分享功能，还能够将毕业生的"高校智慧图书馆记忆"存储起来，但是在学生离开学校之后，就不能再进入"个人高校智慧图书馆"。不过，该系统可以将"高校智慧图书馆记忆"共享到社交网络上，系统会自动保存对应的地址。这样一来，毕业生的"高校智慧图书馆记忆"就可以通过该网址访问了。毕业生离校后，记忆系统的分享功能可以永久保存信息。

（三）应用反响

记忆系统主题中融入青春元素和时代特色，界面设计美观大方，交互性非常强，访问速度快，深受毕业生的喜爱。在不到一周的时间里，该高校网站上发布的有关该系统的新闻已经被访问了1000多次。很多毕业生在学校智慧图书馆的新闻网站留言板上留言，表达自己的感激之情，互相分享自己在高校智慧图书馆的经历和感受，表达了对图书馆的喜爱，这无疑对高校智慧图书馆馆员是一种极大的鼓励。

现如今，互联网对大学生来说已经变得日益重要。在这种情况下，利用数据挖掘技术，了解到毕业生的借阅情况和到馆次数，运用互动性极强的网络开发技术，通过设计美观、易操作的网页，与学生进行积极的互动，达到了很好的效果。通过这种新型的服务方式，高校智慧图书馆能够吸引更多毕业生的加入，从而扩大图书馆的服务范围，并成功地给毕业生留下了深刻的印象，进一步提升了毕业生的情感认同。智慧图书馆在该高校的尝试，利用社交网络挖掘读者数据的方法，收获了大量好评。高校智慧图书馆需要寻求多元化的创新方式，提升高校智慧图书馆的服务水平，运用数据挖掘技术改善服务理念，提供更为独特的服务，这有助于提高高校智慧图书馆的服务质量。

第四章　高校智慧图书馆的知识服务创新

本章依次介绍了高校智慧图书馆的知识服务基础理论、高校智慧图书馆的知识服务延伸情景、创新理念下高校智慧图书馆的知识服务模式构建三个方面的内容。

第一节　高校智慧图书馆的知识服务基础理论

一、知识服务机制

（一）基于知识管理的知识服务机制

假设高校智慧图书馆进行的知识服务活动是一个有机的整体系统，那么图书馆推行知识服务活动的机制就是各要素相互作用的关键因素，包括工作理念、经营文化、工作流程等，这些因素协同作用保证整个系统正常运行。本书采用以人为本的管理视角展开研究，指出国内高校智慧图书馆实施知识服务的机制主要包含四个方面：一是对已有文献资料选择使用先进的管理方法进行有效管理；二是为图书馆馆员提供相应的培训活动；三是通过奖励激励图书馆馆员提高工作服务的能力；四是及时获得服务对象的反馈信息。图书馆提供知识服务的质量受到多种因素的影响。具体而言，在微观层面上，图书馆的知识资源建设是决定用户是否能够在知识服务过程中取得满意结果的基础因素之一。例如，馆藏中是否有用户需要的某一本文献就是一个重要的因素。在宏观层面上，馆员的态度、知识水平和综合素质等因素都会影响知识服务的质量。因此，对影响图书馆知识服务质量的所有要素进行知识化管理是非常重要的。

一些组织机构在选择适合高校智慧图书馆进行有效管理的模式时，注重采用结构化策略，侧重于对馆藏文献资源进行良好的管理，以便为用户提供更好的服务。这类图书馆更倾向于使用编码模式的管理机制，主要关注管理馆藏资源的显性知识，通过分析、挖掘、整合和存储等方式实现全面管理。它们强调投资硬件环境、信息技术和有形资产等方面，以提高知识服务的硬件设施水平，从而建立高效的知识管理系统，方便知识的收集、开发和传播。有些图书馆更喜欢采用人本管理策略，这意味着他们把馆员放在知识服务活动的核心位置，且从人的角度出发，实行以人为中心的管理机制。这种机制在充分保障馆员的劳动有所回报的同时，还能合理满足用户的知识信息需求。总而言之，知识经济的不断壮大导致了用户需求的不断增长和复杂化，同时也给高校智慧图书馆的知识服务带来了新的要求和挑战。高校智慧图书馆需要采用知识管理机制，坚持以人为本，全面地管理知识服务活动，提高用户的知识服务体验。

（二）学习与培训机制

高校智慧图书馆需要建立学习与培训机制，主要原因是随着社会知识的更新迭代速度加快，知识容易过时。面对这一挑战，图书馆馆员和用户必须不断学习和接受培训，以保持吸收、内化更新的知识和技能，提高自身的工作能力，从而在竞争激烈的职场中立于不败之地。高校智慧图书馆的馆员需要具备深厚的情报理论基础，熟练掌握信息检索技巧，并具备对获取到的信息进行分析、整合和创新的能力。在知识经济时代，新知识往往快速更迭，从而取代旧知识，因此图书馆应该建立高效的学习和培训制度，以确保馆员及时掌握新的知识和技能。这意味着需要必要的投入，鼓励参与培训，注重自主学习，确保专业学习成为一个规范化的、制度化的、常态化的、系统化的过程。可以安排馆员听学者讲座、外出参加培训或者参加专家学术报告等，提高自身专业素质，学习现代专业知识，从而更好地为用户服务。除此之外，可以采取各种强有力的措施，如定期设立信息检索课程、举办各类演讲讲座，以提高馆员的信息素养、知识储备和技能水平；建立有效的学习和培训机制，让图书馆在提供知识服务的过程中激发工作人员和用户的学习兴趣，帮助他们培养适应知识化时代发展的能力。通过这种方式，高校智慧图书馆可以为知识服务领域培养更多的优秀人才。此外，这还有助于满足用户对知识的需求。

(三)激励机制

对于大多数图书馆馆员来说，制定恰当的激励机制可以有力地推动他们展现出更积极的服务态度，鼓励更多馆员以优良的服务态度全身心地投入用户服务，积极追求更高层次的服务表现，从而达到提升用户满意度的目的。在进行图书馆知识服务活动时，馆员的智力劳动非常关键。除了单纯考虑劳动价值，图书馆应该思考如何为馆员提供实质性或心理上的鼓励。图书馆应遵循以人为本的原则，采用具有可靠性和可执行性的激励措施，维护馆员的身体和心理健康，保障馆员的合理利益，以确保各种知识服务活动能够顺畅开展，不受任何阻碍。

高校智慧图书馆的知识服务激励机制不仅包括物质奖励，还包括精神激励，这两个方面都是构成高校智慧图书馆知识服务激励机制的核心组成部分。采取提高薪酬福利、发放实物奖励等手段，可以在物质层面上激励馆员。此外，管理层可以设立一套制度，如根据贡献量进行分配、奖励知识开发、学历提升奖励计划等，以制度的方式在实际工资和物质福利方面鼓励和保证所有馆员积极参与知识服务活动。除了物质奖励，还需要使用精神激励手段来增强图书馆馆员的积极性。激励的主要目的是关注馆员的情感体验，促进个人的追求，助力实现个人价值，以此来提升工作绩效，并改善馆员的工作环境，缓解其情绪压力。同时，精神激励还能协助馆员建立良好的工作氛围，制定切实可行的工作目标，以确保知识服务的顺利实施。为了让馆员能够自我激励，需要保证工作目标与他们个人的价值观和信仰一致，这能够激发他们的使命感。

(四)反馈机制

为了有效地展开知识性工作和服务活动，高校智慧图书馆需要建立起有效的服务对象信息反馈机制。只有当服务对象遇到难以处理的复杂问题时，才会咨询一线工作人员。由于图书馆馆员的能力和交流障碍等因素的限制，进行知识性工作和服务活动时，很难一次性满足服务对象的需求，尤其是对需要深入了解专业需求的科研型服务对象来说，更加困难。要想更好地提供服务，就需要一线工作人员了解服务对象的实际情况。因此，图书馆需要建立有效的反馈机制，让用户能够把问题解决后的满意度和遇到的实际问题等信息反馈给馆员。这样做有助于馆员总结经验，为提高服务质量奠定基础，同时也可帮助图书馆收集、整理用户问题信息，建立用户问题知识库，以便为后续有相似需求的用户提供协助。为了确保知识服务的有效性，还需要建立适当的用户反馈机制，以便馆员能够及时响应并了解用户的需求和情况，更好地满足用户的需求，解决用户的问题。这样才能真正实现知识服务，满足用户的期望。

高校智慧图书馆提供知识性服务活动能否成功，与其服务对象信息反馈机制密不可分。为了确保服务对象与工作人员之间的信息流通畅，并能及时、准确地获取服务对象的反馈信息，图书馆需要建立一个完善的服务对象信息反馈机制，并特别注重开放与畅通的沟通渠道。首先，从提升图书馆知识服务质量角度来说，图书馆馆员及时获得用户接受服务后的评价和建议等信息是非常重要的。其次，作为图书馆的知识馆员，应该积极收集用户的学习和使用信息，以便及时响应他们的需求，提供更好的服务，并最大限度地满足他们的实际需求。最后，在与用户交互时，图书馆馆员应当保持客观和公正的态度，以友好的方式实现有效的交流和沟通。同时，应尽可能避免个人主观偏见和负面情绪等因素对互动产生负面影响。

二、知识服务流程

随着高校智慧图书馆服务活动的发展，知识服务的价值越来越被人们重视。在这种情形下，该领域专业人士正在研究知识性服务的流程。推广知识性服务工作和活动的意思是：通过深入了解服务对象的知识需求，一线的知识工作者和馆员从馆藏等各类知识资源中深入挖掘，提供实用的解决方案和建议，以创造各种知识产品。用户可以对馆员提供的策略或方案进行评估，以帮助应对实际问题。馆员欢迎用户提供反馈，以便改进自己的服务。馆员的团队会持续改进产品和解决方案，确保满足用户的需求。在知识服务完成后，图书馆和用户都会积累大量宝贵的知识资源。

一线工作人员是高校智慧图书馆知识服务活动的主要组织者，他们与服务对象合作，利用高校智慧图书馆的内外知识资源和技术手段，解决服务对象遇到的难题，并通过双方互动交流不断改进服务。知识服务流程框架说明了高校智慧图书馆知识服务的基本交互方式，即人际交互、人与支持系统的交互和系统与系统之间的交互。它体现了高校智慧图书馆将知识资源与服务制度、服务理念相互联系起来的思路，以确保知识服务的质量和效益。保证知识资源和知识服务活动之间的协调，需要依靠统筹规划和制度规范，馆员应认真执行相关的服务制度和理念，其中包括问题分配、资源调用、职责界定和考核绑定四个方面，只有这样才能保证知识服务的质量。在知识服务活动中，咨询馆员、用户、技术馆员和支持系统都有至关重要的作用。用户在图书馆内获取相关知识或使用检索系统时，如果遇到一些较为简单、易解决的问题，可以在问题库或常见问题板块中寻找解决方案，或向馆员咨询以获得帮助。如果遇到了涉及知识方面的问题，无论它多么棘手，都可以向图书馆的咨询馆员进行咨询，获取帮助。如果遇到的问题涉及技术性内容，那么可以向专业的技术馆员咨询（见图4-1）。

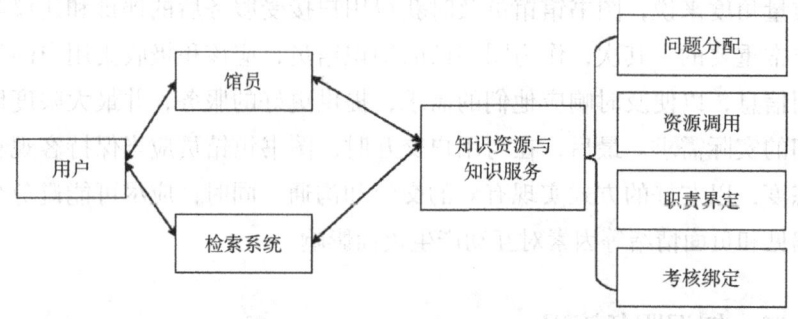

图 4-1 知识服务流程框架

在基于用户知识需求的知识服务流程中，知识服务的整个过程见图4-2。首先，用户需要通过图书馆知识服务的联系方式与馆员进行联系，将自己的知识需求或是具体问题传达给馆员，期待得到解决方案。其次，图书馆馆员会通过用户表达的显性知识需求，推测用户存在的隐性知识需求，并积极收集、整理、分析、储存与用户知识需求相关的各种知识信息资源。馆员会以用户真实的疑惑和情况为中心，综合考虑后提出恰当的解决建议、策略或方案，并且通过有效的方式将方案传达给用户。再次，用户需要根据不同的情况来评估他们提出的建议、策略或方案在不同情境下的有效性，以此来促使馆员做出更好的决策，如用户认为提供的建议或方案有改进的余地，可以向馆员提出修改建议，直到方案或建议能够满足用户的需求为止。最后，为了确认自己所提供的解决方案或建议是否可行，图书馆馆员需要即刻了解用户的问题解决情况。除此之外，他们还需要比较和分析实践和理论方面的效果，从中吸取经验和教训，以备未来的知识服务需求。

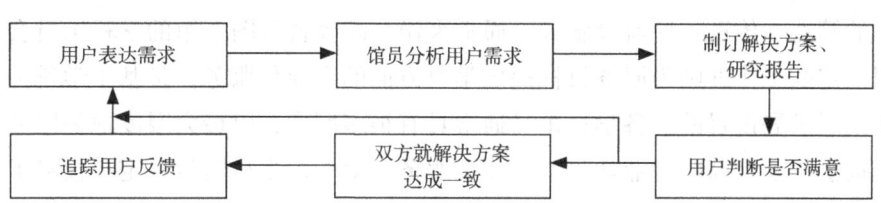

图 4-2 基于用户需求的知识服务流程

高校的知识性工作和服务活动是一个持续性的过程，服务对象的情况一直在发展变化。每个服务对象的需求和期望不同，服务活动的具体内容也会发生变化。因此，为了处理每个服务对象的问题，需要持续不断地更新服务活动的细节。用户的知识需求与馆员提供的知识产品或解决方案是密不可分的，服务流程各环节之间相互关联。知识服务是一种通过运用相关的知识组织技术和网络信息技术，开发和利用知识信息资源，并保证全过程有序进行的服务方式。另外，知识服务流程致力于让客户感到满意，因此没有设定具体的结束时间点，没有明确的结束标志。

三、知识服务模式

在社会经济生活中，伴随着知识化水平的不断提升，"以用户为中心"成了目前图书馆服务工作的重点，突破了"重藏轻用"的服务观念，同时获得了显著的发展。为人类文化素养作贡献本就是图书馆的使命，且图书馆服务事业形成、存在和发展的力量源泉以及最核心的工作准则就是贡献于个体、组织和全社会。工作在岗位一线的职工以便利的硬件水平为基础，应用所有权威的文献资源和个人才能，为服务用户提供相应有效、有用的知识来全力解决用户所遇困难的形式被称作"高校智慧图书馆开展知识性服务工作的模式"。

（一）学科化知识服务

学科化知识服务属于一种专业的工作活动，是建立在各专业种类和内容的基础上的。笔者从更深入的角度对科学化工作服务进行了新的定义，也就是为实现推动服务目标的教学、研究和学习活动的顺利进行的专业性工作活动。高校智慧图书馆基于学校不同院系所有一级学科门类和二级专业的构建发展视角培训学科馆员，以不同类型服务目标的知识信息需求为依据开展知识的筛选、传送、导航等服务。通常来说，高校智慧图书馆的学科馆员会按照一定的工作准则为服务目标提供学科方面的专业化服务，是基于学科种类和发展进展设置的。各学科馆员通常具有很多职责，以最大限度地为服务目标提供匹配度高的专业学科性工作和服务。第一，学科馆员一定要投身了解图书馆应具备的知识研究中，熟知馆藏知识资源的位置区域。第二，学科馆员应主动与本学科内知名学者和专家进行沟通交流，同时工作职责还应包括在固定时间为院系用户开展学术交流培训以解决用户课题方面的相关问题，尽力提升专业相符院系的知识信息水平。第三，学科馆员还具有编订和翻版用户馆藏资源、新用户使用指南等参考指南类资料的职责，以期与各学科用户和相应知识的更迭相匹配。在国外高校图书馆中，各学科分馆都拥有学科馆员，包括一些独特类别的馆藏单元，如古籍馆藏、档案馆藏、政府出版物馆藏等。

在综合类高校智慧图书馆中，依据面对服务对象开展的学科性服务实践现状，在学科方面，能够将专业服务划分为三部分内容。第一，在基本学科和专业方面，为目标院系开展学科范畴内的文献传递、知识咨询和教育培训等服务，加强和相应院系的合作交流。第二，在教学和科研层面，院系针对用户所需提供定题服务、代查代检、查新服务、知识库建设等服务，以应对用户在搜索和使用文献时遇到的困难。第三，学科情报服务，以用户课题研究现状为基础，发掘同领域学科的研究现状和发展动态，同时实施数据和学科知识单元服务，在用户科学研究进程中增添学科情报服务，时时关注用户的研究进展。学科服务负责人以科研和学习型用户为对象进行学科服务，同时加强和相应院系的沟通交流。

（二）咨询服务

1. 传统参考咨询

有些学者认为，参考咨询服务有利于用户更加充分地应用图书馆馆藏文献资料，同时可以协助用户挑选文献。在图书馆中，作为参考咨询服务人员，必须秉持用户至上，服务第一的观点，用饱满的热情为用户解决咨询问题。参考咨询服务被视作一种服务机制，即参考咨询工作者对用户应用网络方式在咨询系统中输入的信息进行解答的机制。1883年波士顿公共图书馆设置了专门馆员向用户开展咨询服务的业务。20世纪20年代初期，我国的清华大学图书馆最先接触到从苏联传来的图书馆参考咨询服务观念，并受到了很大的启发。1929年，国立北平图书馆设置了参考组。最早的文献参考服务工作通常只具有单一的咨询服务。例如，帮助服务对象充分地利用馆藏获取所需知识，向用户提供系统的使用指南、馆藏分布等单一的问题。参考咨询服务者一般在图书馆前台通过向用户当面了解的方式获取用户所需，参考馆员应用书目工具或检索系统协助用户获取需要的文献资料（图书、报刊、电子书）或向用户直接传递文献资料，如馆际互借等。

2. 虚拟咨询

传统的参考咨询服务之所以朝着虚拟参考咨询服务方向发展，是因为网络等科技快速发展，为最初的参考咨询服务形式的更新与提升带来了新的机遇，同时为图书馆参考咨询工作增添了新的途径，使专职工作人员和用户以网络为媒介，实现了知识信息的交流与沟通。网络化既简化了图书馆服务者和用户间的服务形式，又让文献资料的数字化更顺畅，相关馆藏数字资源种类和数量越来越多，知识分享也更容易。用户检索速度随着计算机联机检索系统的应用大幅度提升，传统参考咨询服务慢慢转变为数字参考咨询服务。在美国图书馆参考咨询和用户服务协会看来，虚拟服务总体是指馆员和用户以网络形式开展的沟通活动。简单来说，虚拟参考咨询业务指的是图书馆工作人员利用计算机网络技术向用户开展问题解答的业务，包括实时聊天、E-mail、QQ、BBS公告板等方式。

各参考咨询系统在细微处或许存在不同，不过在工作流程方面，大多由五个步骤构成：用户提交问题—系统对问题实施筛选和分派—桌面系统通过查询问题库自行分析系统用户提交的问题和所需知识的答案（倘若查询结果满足用户的要求，系统就会将结果传递给咨询用户；倘若在问题库中未检索到有关问题的答案，此问题便会传送到服务专家库中，会匹配与此问题最切合的专家做出解答）—专家遵从相应的准则最大限度地应用自己的知识和才能解答相关问题并将结果发送给提问用户（为便于用户查阅，用户问题的解答不但能够被发布在服务系统的"解答"页面上，还能够发送到用户的邮箱中）—收集服务对象的反馈信息（见图4-3）。积极掌握系统用户实际问题的解决情况，有助于协助完善虚拟咨询工作和服务业务。通常为咨询用户传递问题答复后，都会伴随一封询问所提问题解答情况的邮件作为服务反馈信息，目的是以此为参考，优化后续的相关工作。

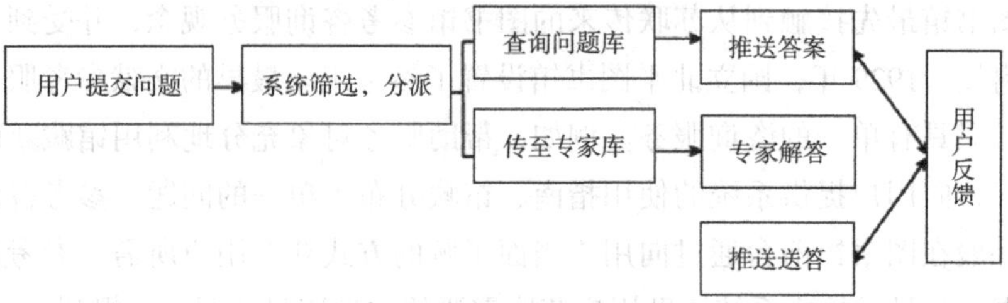

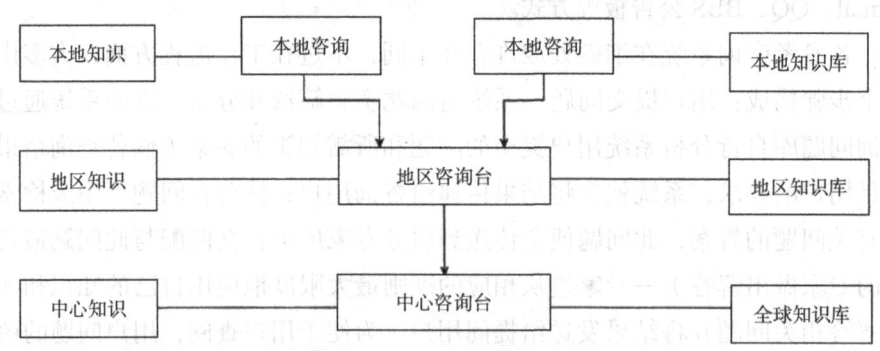

图 4-3 虚拟咨询服务模型

3. 联合参考咨询

在用户知识信息需要日趋全球化、多样化和个性化的背景下，联合参考咨询指的是相同区域或不同区域的图书馆组织通过联合的方式更有实效地为用户提供所需的资料和知识，规避了单一图书馆在知识资源、技术条件、人力条件与所在区域等方面的限制，突破了时空的限制。联合参考咨询服务指的是通过一些服务准则和合作约定把世界上同一区域或不同区域的多个图书馆组织串联起来，目的是在技术和资源等方面达到优势互补的效果，进一步提高服务水平的服务形式。咨询服务形成联盟化是大势所趋，符合用户日渐增长的个性化、多样化、复杂化的知识需要。在服务用户方面，联盟成员间实现了馆藏文献资源和知识信息技术的资源共享与互补。联合参考咨询服务的馆藏知识资源遍布在各地区、各图书馆的不同数据库中（见图4-4）。

图 4-4 联合参考咨询服务模型

4. 知识咨询

伴随社会经济生活知识水平的不断提升，参考咨询服务慢慢朝着为用户提供知识性咨询业务的方向发展。因为单薄的数据和信息等基本知识应对真实问题时收效甚微，同时图书馆最早的参考咨询服务已经无法满足用户的需求了。相比于传统参考咨询馆员，知识咨询服务者除了应清楚地掌握馆藏文献资源的存放位置，具备杰出的信息检索能力，还需要具有优秀的专业知识背景、知识水平，包括有服务经验的专家、学者、教授等高素养专业人员构成的"咨询团队"。倘若以资源的服务为基础的服务被称作传统参考咨询服务，以智力的服务为基础的服务则被称为知识咨询服务，相较于前一种以显性知识信息为基础的浅层次传统服务，后一种则是专业化的、深层次的智力服务。用户解决实际困难的过程和结果是图书馆知识咨询工作的核心关注点，通常具有深层次性、智力性、过程性三个特征。

比较专业的图书馆知识咨询服务流程通常有六个步骤：前期准备工作；对用户的知识需要开展分析诊断与规划；对用户进行调查与访谈；分析与综合用户的切实问题；制订解决方法或方案，开展效用评估，同时把方法或方案发送给用户；对用户问题的处理情况展开跟踪并收集反馈信息（见图4-5）。在前期准备工作阶段，为促进和用户签署咨询合同或协议，确定服务人员彼此的职责和有关事项，主体应组织知识咨询服务者和用户间的交流沟通，掌握用户切实的问题和知识所需。在用户所需的诊断和规划阶段，咨询服务者应从深入剖析需处理的问题和问题的种类、知识范围、预期目标等要素，收集有关数据和资料，筛选处理问题的科学方法，预先制订各种可挑选的处理方案等方面加强和用户的合作，之后评估挑选所有的处理方案，选出最优的处理方案，同时为方案的实施做好预先的准备工作，如制订方案的实施计划，分解实际问题，确定课题研究各个阶段的任务、经费安排等。用户调查与访谈阶段的工作目标是深入了解用户详细的知识需要、明晰处理问题需要的认知水平、依据双方的认知水平描绘知识资源的具体运用、进行用户对咨询服务的满意度调查。在问题分析与综合阶段，服务者应制订最佳处理方案，需要依据用户所需划分、挑选、发掘、分析、汇总收集到的有关知识信息。在服务结果评估阶段，服务者应依据用户特征、实际问题环境等要素对预定处理方案实施可行性分析，制订最优处理方案和备选方案或制定咨询服务报告。在用户跟踪与反馈阶段，咨询服务人员应积极掌握用户实际问题的处理情况，优化、提升服务质量，及时收集用户对咨询报告或处理方案的满意度等反馈信息。

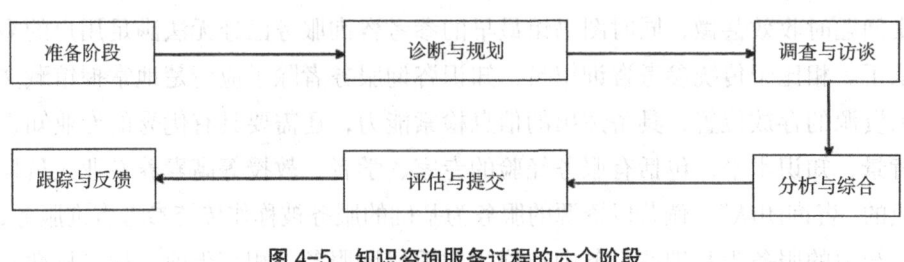

图 4-5 知识咨询服务过程的六个阶段

第二节 高校智慧图书馆的知识服务延伸情景

一、知识服务延伸机理

（一）知识服务延伸的关键要素

本书以知识生态系统理论为基础，结合高校智慧图书馆知识服务的特点，提出了高校智慧图书馆知识服务延伸的五大要素，即知识服务延伸主体、知识服务延伸本体、知识服务延伸媒体、知识服务延伸空间和知识服务延伸受体。

1. 知识服务延伸主体

在知识服务的场景空间中，知识服务延伸主体是指利用新媒体信息技术发展知识服务的管理和控制主体，其目的是协助专业图书馆馆员，帮助其他用户收集信息、获取知识和管理知识。

（1）专业馆员

作为知识服务延伸的领导者，专业图书馆馆员与普通图书馆馆员是有区别的。普通图书馆馆员利用自己的专业能力为需要知识服务的用户提供专业的服务。而专业服务作为推动知识服务前进的中坚力量，往往需要具备图书情报分析、数据分析、知识发现等专业服务技能。

（2）用户个体

用户作为知识服务的接受者，也被视为共同创造和知识共享的主体，具有受体和主体的双重角色，在高校智慧图书馆知识服务中的作用日益增强。用户是知识服务的核心成员，由知识服务用户组成，包括知识服务信息的生产者、传播者、分解者、参与者和知识创造合作者。高校智慧图书馆用户众多，时空跨度广，影响力与日俱增。

（3）管控主体

管控主体负责引领、监测、调和知识服务的拓展，由高校智慧图书馆管理部门及知识服务领域专家和平台运营方组成。管控主体为消除危机、实现共赢与生态化可持续发展，整合馆内人力、物力资源，通过建造知识服务环境，建设知识服务平台等方式，在知识服务健康进程中，应用舆情监测预警提倡正能量，降低负面影响，推动融合。

2. 知识服务延伸本体

知识服务延伸主体在知识服务空间中为用户的个性化、层次化需求提供的详细内容称为知识服务延伸本体。高校智慧图书馆知识服务提供的信息包括两大类：一类是一手构建的传统特色图书馆资源，另一类是以新媒体形式对资源进行再造而产生的新知识产品。

（1）资源特色库

为保证用户始终掌握最新的科学前沿信息，高校智慧图书馆应积极更新、丰富和拓展资源，增加资源的覆盖面和新颖性，以保持和促进用户对相关知识服务的意愿和兴趣。资源的完善将增强高校智慧图书馆知识服务对用户的吸引力，增强凝聚力。此外，作为高校智慧图书馆的评判标准之一，可靠性、准确性和特征性在客观层面保证了用户需求和资源的一致性、统一性，并通过调研、筛选、评价等形式检验第一手资料的来源和质量可靠性，确保图书资料的权威性。根据专题数据库、机构数据库等知识库的设置，构建各高校智慧图书馆独特的资源特征，提高高校智慧图书馆知识服务交互信息的亮点、准确性和有用性。

（2）资源再造产品

因为互联网呈现"快餐化"、碎片化与平台人性化的趋势，内容形式在文本信息的基础上增添了图片、视频与音频等信息，为增加用户获得信息的效率，能够把不同信息类型结合应用，使利用互联网获得的新媒体信息产生了很大的改变。用户通过互联网工具的运用在拥有较多选择的基础上，能够持续获取短小精悍、高速灵活、属性多样的信息。通过对传统信息和新媒体信息重构产生的内容进行详细重构，然后实施数据集成和语义关联，从而实现情景资源库中信息的知识化和可视化。在用户应用信息检索、应用分析和特色推介的过程中，资源再造具有重要意义。资源再造目标的实现需要根据信息关联和语义增强寻找到信息资源的知识价值特性，根据可视化归拢、聚类算法完成资源内容的融合加工，确保资源内容的精致化、特色化重构能够具备可视化功能。互联网工具的运用是高校智慧图书馆知识服务拓展的关键基础。

3. 知识服务延伸媒体

作为处理信息的助力与技术方法等的总和，知识服务延伸媒体指的是推动信息在生产者、传递者、分解者、消费者中传递的信息介质和通道。互联网工具与知识服务技术平台是智慧图书馆知识服务延伸媒体的两大组成部分。

（1）互联网工具

智能手机、平板电脑与信息传感设备是互联网工具的主体，其系统运用了互联通信技术、物联网与智能制造技术等。其中，具有 iOS（苹果公司开发的操作系统）或安卓等单独操作系统和存储空间的智能手机凭借自身普遍使用性与分布性特点，在互联网环境下为用户个人利用浏览器、客户端、App等进行互联提供了便利。同时，作为具有个性化信息需要与用户信息偏好等知识发掘作用的工具，智能手机既有查询个人地理位置与用户行为信息的功能，又有普遍性与易接触性的特点，为知识服务的信息生产和传播提供了便利。平板电脑是知识服务"发烧友"的偏爱，具备合适的屏幕与灵巧可移动性、布局科学、色彩和文字美观等特征。信息传感设备能够以无线与互联网络等为工具，以传感器、RFID（射频识别）和激光扫描器等为接触终端，借助扫描二维码与应用定位功能的方式进行智能控制和处理，实现实时感知、传递、获取信息。具有间接协助信息形成功能的工具称为"信息传感设备"，如利用智能手环记录用户的锻炼、睡眠、饮食、地理位置等实际数据信息，成为健康知识讨论的话题。

（2）知识服务技术平台

一种融合了互联网、大数据、移动通信于云存储等技术的交互平台，既包含大量资源，又具有知识管理功能的平台，被称作"知识服务技术平台"。高校智能图书馆知识服务平台将平板电脑、歌德电子借阅机、电脑和智能手机终端作为基础，需要在开发各种设备的跨连、互联与切换等功能方面投入更多力度，通过知识服务跨屏功能的支持，使控件的灵活性，以及文字和图片在各种屏幕转换、放大或缩小时的适应性、流畅性、匹配性和敏感性更加完善。通过智能终端的数据和编码技术获取用户行为反馈，科学、动态地优化系统。云舟域空间知识服务系统、超星学习中心等是目前非常流行的知识服务互动平台。数字空间系统、数字资源和全网服务平台是云舟域空间知识服务系统的三个模块。云舟域空间知识服务系统以构建包括空间资源组织管理和社会功能在内的服务体系为前提，构建便于用户快速获取资源、进行组织学习、评论、转发、交流分享等的自组织活动空间，最终实现 PC 端与移动端在社交网络关系上的重新融合。此平台凭借互动性、创意性和知识的精准性，对用户产生了很强的吸引力，作为具有一键式获取功能的学习平台，是以神经系统研发的集用户知识管理与专题创作和课程学习的知识共享平台为基础的。

4. 知识服务延伸空间

知识服务延伸空间包括依附的场所和空间。随着万物互联和通信技术的推进，用户逐渐发现了现实世界与虚拟世界之间的联系。智能终端所形成的数字虚拟环境作为真实环境的镜像，产生了信息时空、信息伦理、信息制度等空间成分，形成了数字时代独特的"信息环境的环境化"社会现象。

（1）信息时空

信息时空是知识服务使用者在信息的生产、组织、传递、分解和消费过程中产生的 种活动空间。它可以为用户提供图书馆资源的筛选、借阅、数字保存、交流和讨论等功能，包括实时评论、即时分享、即时转发和方便记述。信息空间包含自主性与自组织性，并不断优化。

（2）信息伦理

信息伦理包含在道德的范畴内，是非强制性的，通过用户内在的信念与信息素养来维护。信息伦理结构包含主、客观两个层面，是用来调解馆员、用户信息关系的规则制约、准则要求等，形成于数据、信息、知识和智慧服务中。通常每个图书馆对各自的服务伦理和传统习惯都会进行传承与定位。

（3）信息制度

信息政策与信息法律共同构成了信息制度，是国家权力机关制定的规则，用来制约信息主体的行为规范。其中，作为国家调控信息产业的行为规范，信息政策涉及知识服务信息的每一个步骤，包括生产、加工、消费等。信息法律的目的是对信息主体在知识产权、合法收益、违法处分、隐私保护等信息方面发生的法律纠纷进行仲裁。

5. 知识服务延伸受体

知识服务延伸受体也被称作"用户",是在知识生态因素影响下知识服务活动的接受对象。"以用户为中心"是图书馆始终贯彻的服务理念,知识服务延伸受体是知识服务活动中的一部分。随着"用户第一"时代的到来,知识服务延伸受体的价值与地位在市场经济的发展过程中,越来越受人们关注。高校智慧图书馆知识服务延伸受体包括知识服务平台与互联网工具的用户两部分构成,互联网工具的用户包括学生、教师、科研人员与普通群众。

高校智慧图书馆知识服务延伸受体具有智慧图书馆知识服务的特征,并在自身知识体系的基础上形成层次化、个性化的特征。在互联网终端工具、新媒体内容与工具形式信息、知识服务技术平台、图书馆馆员、信息时空、信息伦理与信息制度等因素的共同影响下,高校智慧图书馆对知识服务延伸受体的需求也在不断发展。

在用户中,主体与受体的关系是相对的,知识服务所延伸的受体与服务主体是可以相互转化的。例如,当应用知识服务平台开展用户与用户之间的知识服务、知识共享和协同创造时,主体和受体就会不断变化。因此,在接受知识服务的过程中,个人用户被视为知识服务延伸受体,但当他与他人进行共享和协作时,他也可以被视为服务主体。

(二)知识服务延伸的动力

系统理论知识定量分析系统有助于发现系统的共同特点且建立满足所有系统的普遍性原理、基础性原则与通用性模型。系统一般被阐述为利用许多要素通过固定的结构形式相互联系的具有特定功能的有机整体,包括系统、要素、结构和功能四个概念,包含要素、系统和环境三个要素。系统内部要素的因与果之间存在着一种反馈效应,所以问题的本质应该在系统的内部结构中探索,而不是用外部因素来解释系统的行为属性。

高校智慧图书馆知识服务延伸是一个由多种因素决定的多元函数。不同核心要素之间除了具有显著的因果关系和相关性,还具有联系、发展和运动的特征,这与系统动力学原理和方法所要求的特征相匹配。因此,本书将高校智慧图书馆知识服务延伸与用户的交互体验行为视为一个复杂的动态系统,利用系统动力学原理进一步验证高校智慧图书馆知识服务延伸功能与用户行为之间的易用性、有用性和激励效应。高校智慧图书馆用户的激励与知识服务延伸可以促进图书馆不同阶段知识服务的各要素产生协同效应。在高校智慧图书馆实际开展知识服务的过程中，各种因素会对高校智慧图书馆的知识服务产生不同的动力。因此，不同因素对高校智慧图书馆知识服务交互功能的驱动作用也各不相同，驱动形式分为直接驱动和间接驱动，驱动效果分为明显和不显著。

高校智慧图书馆知识服务延伸的动因包括内部动因和外部动因两个方面。新型知识服务中用户需求的变化、知识结构的调整、知识服务的内容和功能、图书馆馆员自我价值的提升和知识结构的变化是其内部动因。用户能够感知智慧图书馆知识服务的易用性、资源利用的有用性和情境服务的动机。外部动因包括新型知识服务的大数据背景、智能图书馆的软硬件环境、创新的知识服务方式、最新的知识服务信息资源、空间重塑功能和技术环境等。

知识服务延伸的动力是指在不同因素的综合影响下，知识服务用户在知识服务平台上应用互联工具对知识延伸服务产生的推动力。本书以中外学者研究为依据，把高校智慧图书馆知识服务延伸的动力分成两种，即内生动力与外生动力。高校智慧图书馆知识服务延伸的动力是把其延伸要素的探索作为初始的目标，而知识服务要素间彼此联系，因此能够通过因果关系解析影响作用。此外，也应学习系统动力学的思想对知识服务主体与客体间的动力联系进行解析。

1. 知识服务延伸的内生动力

（1）知识服务延伸内生动力类型

知识服务延伸的内生动力是指与知识服务扩展密切相关的内生因素，即知识服务主体和接受者的持续应用行为，包括作用于知识服务生态系统的动力或阻力。典型的内生动力包括用户知识需求、感知易用性、感知有用性和感知智慧图书馆知识服务平台应用动机，以及高校智慧图书馆知识服务延伸内生动力的因果关系。

用户满意度是高校智慧图书馆知识服务延伸的内生动力，即与高校智慧图书馆知识服务的上述延伸密切相关，具有范围广、工作时间长的特点。用户的满意度作为知识服务发展的基础力量，可以推动主体力量的持续发展，包括感知易用性、感知有用性和感知激励三个动力衡量标准（见图4-6）。

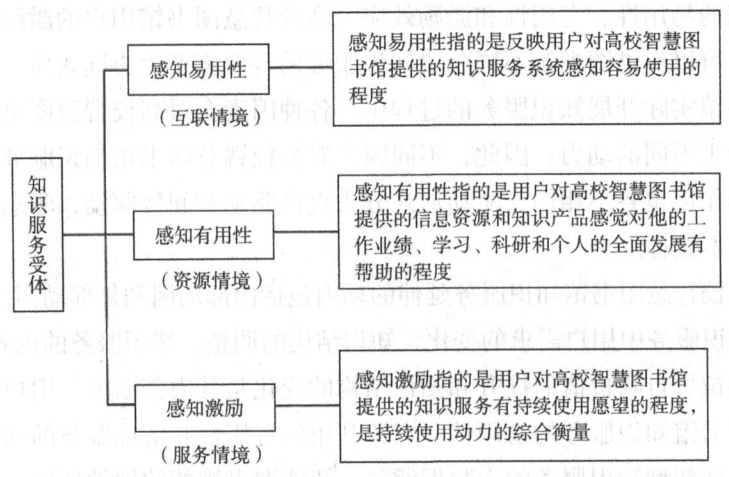

图 4-6 用户感知的知识服务延伸内生动力类型

（2）知识服务延伸内生动力影响因素

本书以国内外学者科研成果为基础，通过专家访谈的方式，明确用户知识需求的相关性、泛在性、共享性、知识整合性、智能性、创新性等内在驱动因素，对高校智慧图书馆知识服务延伸的内生动力有积极的促进作用。另外，作为高校智慧图书馆知识服务的关键要素，用户特质包含用户现有的知识结构与创新能力，明显影响着高校智慧图书馆知识服务延伸的感知易用性。在高校智慧图书馆的知识服务过程中，用户的现有知识结构表现为用户接受、转化和理解新知识的能力。用户接受和消化新知识的能力不仅是同化和适应新知识的基础，也是科学接受和应用新技术、新平台的基础。与此同时，对高校智慧图书馆知识服务延伸的感知激励来说，用户特质也具有重要作用。大量研究表明，社会认同作为用户应用新技术和新系统的关键因素，在用户感知和激励中起着突出的作用。笔者也得出了同样的结论，即社会认同对高校智慧图书馆知识服务的感知有用性和感知激励有明显的影响。高校智慧图书馆知识服务的内容是影响用户持续利用高校智慧图书馆资源的关键因素，包括基础资源服务和专业技能服务；用户感知娱乐性、感知易用性和感知有用性主要取决于平台的系统、信息与服务质量。

（3）知识服务延伸内生动力因果关系

内生动力作用关系为以下 5 种形式。①感知易用性推动力—感知有用性驱动力—高校智慧图书馆知识服务延伸。②感知激励推动力—感知有用性驱动力—高校智慧图书馆知识服务延伸。③感知易用性推动力—高校智慧图书馆知识服务延伸。④感知激励推动力—高校智慧图书馆知识服务延伸。⑤感知有用性驱动力—高校智慧图书馆知识服务延伸。

从动力影响因素角度讲，内生动力因果关系的正因果链如下：①创新能力—感知易用性推动力—高校智慧图书馆知识服务延伸。②创新能力—感知有用性驱动力—高校智慧图书馆知识服务延伸。③创新能力—感知激励推动力—高校智慧图书馆知识服务延伸。④用户需求特性—感知易用性推动力—高校智慧图书馆知识服务延伸。⑤用户需求特性—感知有用性驱动力—高校智慧图书馆知识服务延伸。⑥用户需求特性—感知激励推动力—高校智慧图书馆知识服务延伸。⑦基础服务—感知易用性推动力—高校智慧图书馆知识服务延伸。⑧基础服务—感知有用性驱动力—高校智慧图书馆知识服务延伸。⑨专业服务—感知有用性驱动力—高校智慧图书馆知识服务延伸。⑩专业服务—感知激励推动力—高校智慧图书馆知识服务延伸。

通过以上动力作用关系能够了解到，知识服务延伸会受到感知易用性和感知激励推动力的促进作用，同时感知激励推动力会随着感知易用性转变为感知有用性而得到更大提高。一旦感知激励转化为感知有用性，动力将进一步提升，在各种力量的协同作用下，将知识服务提升到一个新的高度。从影响因素来看，感知易用性、感知有用性和感知激励能够促进高校智慧图书馆知识服务的持续正向发展，并会随着创新能力、知识结构、互联性、泛在性、共享性、智能化和知识整合水平的变化而变化。高校智慧图书馆知识服务延伸的内在动力来源于两个方面，即用户特质和用户需求特性。

（4）知识服务延伸内生动力机理模型

知识服务延伸内生动力机理模型基于高校智慧图书馆用户与知识服务系统交互功能的运行机制，以及高校智慧图书馆知识服务系统交互功能对用户的影响，着重展现高校智慧图书馆知识服务的易用性、有用性和激励性。它是根据用户与高校智慧图书馆知识服务系统交互过程中不同情境维度的搭配而构建的。

用户是知识服务延伸最基本、最活跃的动力。用户情境是指高校智慧图书馆知识服务系统的功能原理和用户行为，包括用户需求和用户体验。互联情境、资源情境和服务情境是高校智慧图书馆知识服务情境的三个要素。因此，有必要加强高校智慧图书馆知识服务功能的易用性、有用性和激励性及用户之间信息交换的交互性。它包括空间系统与支撑系统的易用性、资源建设系统的有用性、资源回收系统的有用性、服务系统的标准化激励和服务系统的个性化激励（见图4-7）。

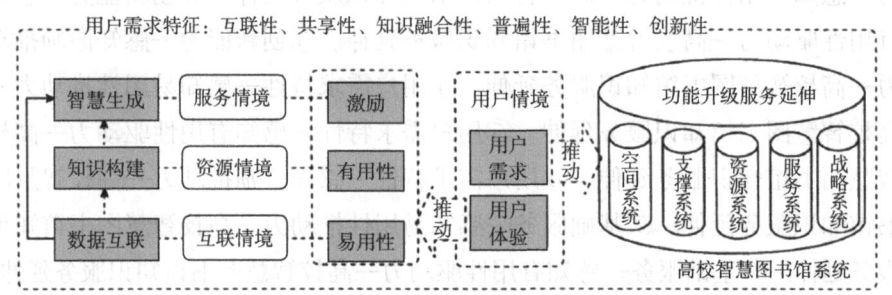

图4-7 高校智慧图书馆知识服务功能延伸和用户行为作用机理模型

用户体验交互具有服务体验特征和需求推动功能两个特征，这两个特征是随着用户需求推动的出现而形成的。在高校智慧图书馆知识服务系统中，交互功能与用户信息交互行为的机制为，将知识服务的信息传递给用户，用户根据自我感知来决定交互行为。知识服务系统功能与服务激励水平的评价取决于用户比较交互感知与预期而获取的认知、情感、价值等心理感悟。基于用户的交互体验和感知，他们可以随时对接受的定制式信息的交互式服务进行反馈，并根据这些反馈来调整他们的信息交互行为。高校智慧图书馆知识服务会影响用户的信息交互行为，通过激发用户兴趣，引导用户进行信息交互，由此转变用户交互体验结果，同时能够促进用户数据互联、知识构建与智慧的形成。用户知识需求的新特征包括互联性、共享性、知识融合性、普遍性、智能性、创新性等。在知识服务过程中，用户的交互行为可以与知识服务环境的可用性、资源环境的有用性和服务环境的激励完美地结合起来，即用户在知识服务过程中的心理感受和满意度，以及能够体现知识服务质量的优秀体验，这是智慧图书馆知识服务延伸的内在动力机制运转的全过程。

2. 知识服务延伸的外生动力

（1）知识服务延伸外生动力类型

知识服务主体动力的三个典型类别是源自专业馆员、用户个体和知识服务管控主体（专家）的推动力；信息动力主要分为两种，即传统资源信息推动力和再造资源信息推动力；信息技术动力主要分为服务平台推动力和互联终端工具与计算技术等推动力；信息环境动力主要由信息时空推动力和伦理制约等推动力构成。作为高校智慧图书馆的参与者，个人用户和专家也被视为知识服务信息的接受者和生产者。知识共享和协同创造自然会使用户产生社会网络关系，并以多样化需求的动机将知识延伸到接受知识服务的受体。在分享语音、发布文字、观赏视频、传递图片、获取数据等方面，智能互联终端给知识服务用户提供了便利，同时被视作信息传递与流转的载体、纽带和桥梁。信息动力是在信息流动过程中形成的。技术支持是知识服务平台的基础，知识服务延伸的技术基础是互联通信技术与互联终端工具的应用。在知识服务延伸的过程中，会形成新的推动力。为了保证业务的正常开展，需要制定新的信息制度，作用范围、理性化信息伦理规约与关系等外生动力共同作用，产生了信息环境新的作用影响力，即高校智慧图书馆知识服务延伸外生动力类型（见图4-8）。

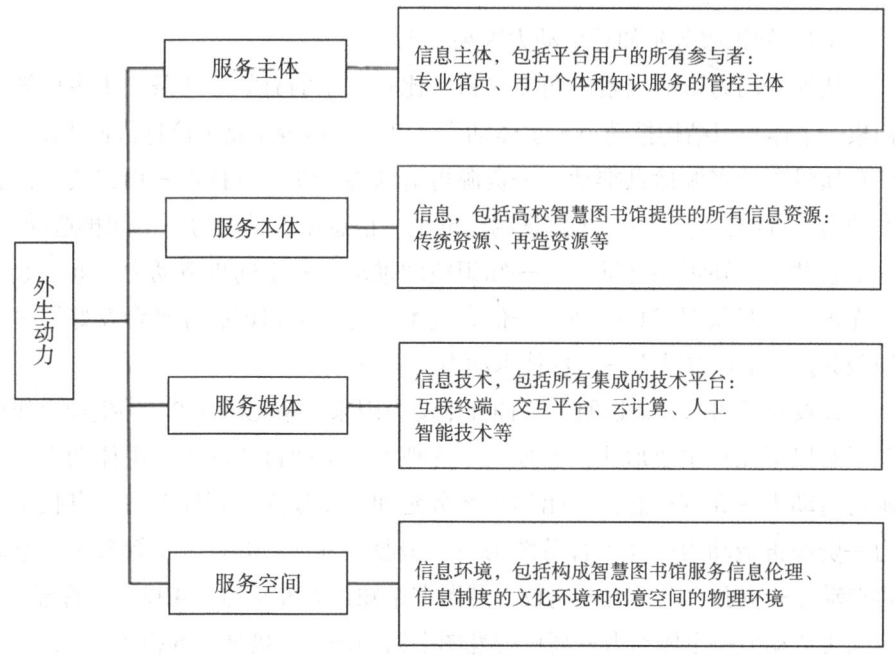

图4-8　高校智慧图书馆知识服务延伸外生动力类型

（2）知识服务延伸外生动力影响因素

外生动力的影响因素来源于对已有文献资料的汇总和归纳，同时在借鉴相关领域专家观点的基础上开展综合研究，使得影响因素更加科学。智慧图书馆知识服务平台共建者的知识储备和知识结构共同组成了服务主体动力的影响因素，涵盖了年龄结构、学历结构、职称结构与用户的社会身份等。内容形式类型的多样性与内涵的充实性、信息价值密度的密集性、信息质量的高与低是影响可再生资源的要素，同时会促进可再生资源的形成。服务空间再造的影响要素指的是为激活创意灵感的物理实体空间具有的信息道德规范和信息制度健全的文化氛围。在互联网时代，对于信息技术推动力的影响因素来说，信息技术发展难度会随着互联工具端分享的信息总量的增多而加大。平台的友好性、易用性、有用性等由知识服务平台技术来支撑，具有防止用户流失、提升用户吸引力的作用；技术的便捷性、先进性由互联终端通信技术支撑，具有充分运用用户零散时间开展知识学习与管理服务的功能。知识服务平台与终端工具的功能提升是智慧图书馆不间断发展的信息技术推动力源泉。

（3）知识服务延伸外生动力因果关系

从外生动力影响因素的角度分析，比较典型的有如下7条：①主体知识积累—主体知识结构推动力—主体动力。②信息内容丰富（信息价值密度）—信息质量再造资源信息推动力—资源再造动力。③信息技术—再造资源信息推动力—资源再造动力。④信息制度健全—信息制度推动力—空间再造动力。⑤信息共享—知识融合推动力—知识空间推动力—空间再造动力。⑥互联技术先进性—互联端工具推动力—信息技术动力。⑦知识服务平台友好性—知识服务技术平台推动力—信息技术动力。

高校智慧图书馆知识服务延伸外生动力因果关系见图4-9。外生动力作用关系有以下几种主要形式：①投入（管理）—空间再造动力—主体动力—资源再造动力—高校智慧图书馆知识服务延伸。②投入（管理）—信息技术动力—资源再造动力—高校智慧图书馆知识服务延伸。③投入（管理）—空间再造动力—资源再造动力—高校智慧图书馆知识服务延伸。④投入（管理）—空间再造动力—主体动力—高校智慧图书馆知识服务延伸。⑤投入（管理）—信息技术动力—主体动力—高校智慧图书馆知识服务延伸。

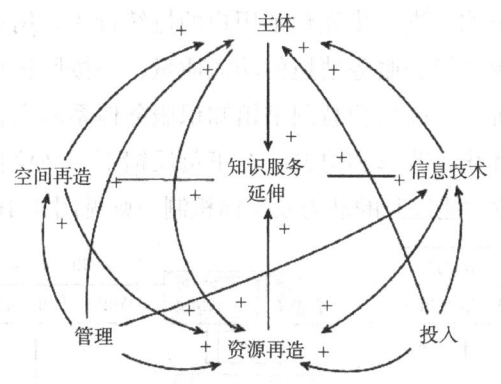

图 4-9 高校智慧图书馆知识服务延伸外生动力因果关系

参照以上动力关系，本书得出在 4 种动力作用下能够推动高校智慧图书馆知识服务延伸的结论，包括资源再造、空间再造、信息技术与主体复合作用。其中，主体具有高阶思维和主观能动性，主体动力作为高校智慧图书馆知识服务系统实现各功能的关键动力源泉，以满足用户需要为基础，是增加知识服务信息价值密度与质量的核心动力，能够提高且充实信息资源等。在互联大数据背景下，快速、海量、异构共享信息的推动力是数据环境千变万化的推动力，能够保证知识服务良性协调发展，构建信息制度、信息理论和信息时空，保障高校智慧图书馆知识服务平台的运行和互联终端技术的调整与变革。知识服务开展取决于信息技术动力，信息技术动力能与主体动力共同构成合力磁性，同时随着平台的友好性、易用性和互联终端技术的自适应性、进行性的变化而变化。

（三）知识服务动力反馈机制与延伸路径

在发展的过程中，事物大多具有正负两类力量，一类是能促进事物朝前发展的正面力量；另一类是妨碍事物发展的负面力量。本书从正面和负面两个维度探讨了智慧图书馆知识服务的延伸。

1. 知识服务延伸动力反馈机制

作为一个综合系统，高校智慧图书馆系统的知识服务延伸是多种要素协同作用的结果。在物联网知识服务平台上，高校智慧图书馆知识服务延伸系统的主要内容可分为用户群、服务主体、信息资源和服务内容。用户在获取和使用信息时，其行为受到知识服务平台的易用性、资源情境的有用性和服务的激励感知的影响，进一步强化了用户的持续行为。用户的知识服务依赖于互联情境、资源情境和服务情境的功能质量，并按照正负作用原则反馈到知识服务延伸系统中。高校智慧图书馆知识服务体系的完善应立足于不同情境功能的构建、优化、改革和协调。在正负反馈下，高校智慧图书馆不同知识服务情境下情境功能提升的动力及反馈机制原则见图4-10。

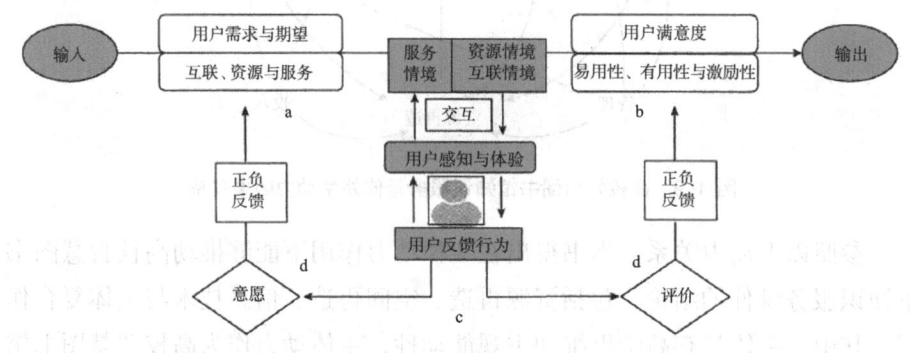

a—输入系统；b—输出系统；c—交互系统；d—反馈系统。

图4-10 高校智慧图书馆知识服务延伸动力反馈机制

输入系统、输出系统、交互系统和反馈系统共同组成了高校智慧图书馆知识服务延伸的动力反馈机制。传导机制的具体运转过程如下。

输入系统的设计和功能以满足用户个性化信息需求为出发点，构建与用户预期相匹配的服务场景。高校智慧图书馆知识服务的延伸目标是在互联、资源、服务的背景下，根据用户的具体需求，设计知识服务的各种功能。

作为知识服务绩效的评价结果，输出部分最具代表性的评价标准是用户满意度，既是用户对互联情境的可用性功能、资源情境的有用性功能和服务情境的激励功能的综合评价建议，又是高校智慧图书馆知识服务延伸绩效和用户预期对比后的评估的核心内容。

在高校智慧图书馆具备的知识服务环境中，交互过程指的是和用户心理、认知和行为等方面相互适应的过程，包括反复感知、体验、修正和融合，作为判定智慧图书馆知识服务延伸业绩的核心要素，在这个阶段的用户会形成对知识服务不同环节和整体印象不同的感知，包括互联情境、资源情境建设与重构及服务流程标准化和情境多样化、个性化程度。

反馈环节指的是在用户进行感知体验后的反应和对知识服务的影响，若想增加用户应用高校智慧图书馆知识服务平台的频率，使高校智慧图书馆的服务获得用户的支持与认可，甚至提出有价值的想法或建议，就应努力发挥高校智慧图书馆知识服务中不同种类情境要素和功能对用户的感知刺激的影响，且给用户行为带来积极作用。不然就会产生负面的妨碍作用，影响用户对高校智慧图书馆知识服务的正向评价，阻碍整个知识服务行为的开展和完善，并导致用户的反感。此环节的正负作用指的是高校智慧图书馆知识服务延伸提升和完善的核心。

在高校智慧图书馆知识服务中，各种不同力量的相互作用、相互影响，使不同情境的搭建和作用得以实现。不同情境要素具有在这相互作用的综合体中促进高校智慧图书馆知识服务延伸的功能。用户的个性化需要既是高校智慧图书馆知识服务延伸内在的、直接的影响因素，又是输入方式原始的动力源泉，而高校智慧图书馆知识服务延伸的外在动力则是被视作图书馆知识供给者的来源于图书馆供给侧的互联设备、资源和服务。用户感知和体验作为一种反馈，是指用户直接使用知识服务平台和知识服务互联情境、资源情境、服务情境的结果。运用体验和感知的结果传导机制，形成正负效应的意愿传导机制和评价传导机制。意愿传导机制可以调节用户的个体需求和使用意图；而评价传导机制则具有正负两种刺激作用，从而影响或改变用户的持续应用行为。在这一过程中，用户体验和感知中的主观认知偏差和反馈不当分别促进和阻碍了情境交互功能。用户体验与感知的内在作用主要取决于信息资源自带的属性，在资源情境中，知识服务质量的核心取决于信息资源带给每一位用户的特征属性与价值的大小，在进行知识服务时具有指导意义。作为知识服务延伸方向和质量的本质决定要素，资源情境属性、利用率和内容价值最大化是提高知识服务延伸水平的核心力量。

应用互联情境因素与用户个体信息组成的用户体验和感知中的外作用力是进行知识服务的前提，在互联情境中，作为知识服务质量基础的设备情境和服务所凭借的技术水平。具有支持知识服务功能不断完善的作用。在建立了良好的资源情境的前提下，知识服务平台与易用性对应，互联设备与技术设备的易用性对应，服务情境相互作用与情境功能的激励性和适配性对应。因此，高校智慧图书馆的知识服务延伸应从资源情境的建立入手，通过资源重构来提升知识服务延伸的内在动力。知识服务情境功能的实现是以技术水平为前提的。用户的认知水平、知识结构和情感动机与知识服务绩效之间存在交互作用。知识服务的交互过程可以调节平台的易用性、信息资源的有用性和服务情境激励等功能，又对知识服务延伸的质量具有决定作用，同时受知识服务绩效的影响。所以，在高校智慧图书馆的知识服务拓展中应注意到互联情境、服务情境的完善和提升。综上所述，高校智慧图书馆知识服务生态系统延伸服务取决于内在动力和外在动力，分别起到决定性作用和基础性作用。延伸服务的发展以内外动力为动力源泉，且内外动力相互约束与联系，外在动力基本条件的提升有利于拓展服务的衍生功能的形成，增加服务的情境感知与用户体验满意度。以内外部力量的匹配、协调、整合和相互优化为核心，改善知识服务状况，有助于提高服务的整体性和功能的整体性。

2.知识服务延伸优化路径

以动力反馈机制建立为前提，高校智慧图书馆的知识服务延伸可从3方面开展拓展途径探究，分别是互联情境易用性、资源情境有用性和服务情境激励性。

（1）互联情境易用性延伸的优化路径

在高校智慧图书馆知识服务平台的构建过程中，互联、智能化特点属于互联情境的易用性，被视作高校智慧图书馆的基本特点。从互联情境易用性干扰要素角度来看，可以通过增加技术手段（物联网技术、云计算、人工智能等）和完善物理设备（平台、空间、物联网设备等）的方式对高校智慧图书馆知识服务情境交互易用性功能进行升级。互联情境易用性干扰要素包括智慧图书馆知识服务场域空间的时空利用限度、平台技术支持度、终端兼容性、设备易用性等（见图4-11）。

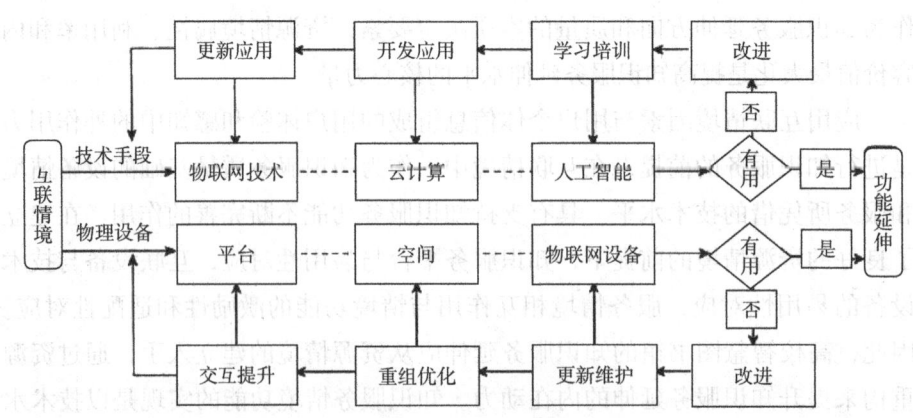

图4-11　互联情境易用性延伸的优化路径

高校智慧图书馆知识服务延伸易用性的升级应该从技术手段和物理设备的易用性着手，逐渐精细到子级指示，由此能够推动各情境功能的完善，实现在整体上完善高校智慧图书馆知识服务互联情境的易用性功能。主要有两条延伸路径：①新技术和方法的应用是智慧图书馆知识服务平台构建和内容创新的基础。为实现识别、定位、追踪、监控和管理功能的智能化，提升互联情境的可应用性、易用性功能，使用户享受到全面的感官智能化融合服务，应该使物联网技术广泛应用于所有物品和物品间，实施信息交流与通信，提高用户位置感知度与时间灵活度。科学地应用高校智慧图书馆云存储、大数据和云计算技术，实现互联客户端、WAP（Wireless Application Protocol，无线应用协议）站点、RSS（Really Simple Syndication，简易信息聚合）订阅、微信公众号平台、官方微博、App等智慧图书馆知识服务交互平台之间的数据共享、通信和系统集成，它还扩展了连接情况的可用性。②在及时、灵敏地获取用户空间位置的过程中，知识服务平台可以应用信息传感设备，包括红外传感器、全球定位系统、射频识别、激光扫描仪等，提高系统的黏性和交互性，促进用户角色交换，获取用户的实时状态，从而弱化时空约束和空间重构的复杂性。系统的知识服务互联设备，如智能手机、平板电脑等，其情境的拓展性与易用性通过开发权限使得文字、图片和控件弹性等形式的资源实现流畅交互，提高了物理设备的易用性和便利性。

（2）资源情境有用性延伸的优化路径

在高校智慧图书馆知识服务拓展过程中，资源情境功能作为一项要求具有基础作用。而在高校智慧图书馆知识服务过程中，用户满意度受资源利用率的影响，同时代表着用户的使用意愿。所以，应在资源建设、资源再造有用性功能的拓展方面对高校智慧图书馆知识服务加大投入。在进行信息资源采购时要增强对资源的独特性、新颖性、可靠性和全面性方面的监管。这些要求代表着资源建设的有用性，应在刷新速度的同时确保原始资料的客观性与真实性，且从信息客观性角度开展资源建设，由此利用资源建设有用性功能拓展途径实现高校智慧图书馆拓展知识服务的目的。建立元数据化、语义化、情境化和知识化等标准，既能够评定资源再造或重组的有用性，又能够在多个层面实施功能延伸途径的设计，包括语义化信息描述、聚类、整合、关联、归拢和可视化技术的应用等层面（见图4-12）。

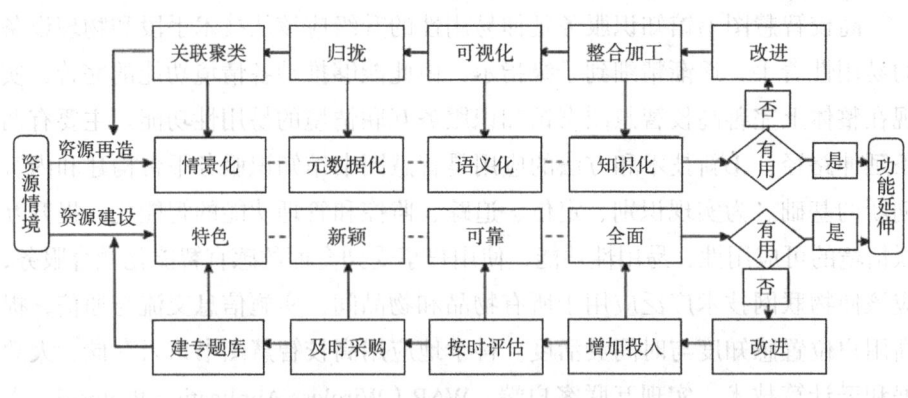

图 4-12 资源情境有用性延伸的优化路径

为发挥高校智慧图书馆资源情境的有用性功能，在资源建设有用性与资源再造（重组）有用性两方面提升资源情境有用性功能，可以把高校智慧图书馆资源情境的拓展途径划分为以下两点：①资源建设情境的有用功能的扩展。高校智慧图书馆用户应用知识服务的黏性会随着资源内容的系统性和新颖性的变化而变化，为方便用户获得最新动态，高校智慧图书馆需要采取更新资源、扩充资源库、增加投入等方式提升图书馆的全面性、凝聚力、新颖性、吸引力、用户使用意愿。高校智慧图书馆也应从客观层面保证资源的客观性，包括权威性、可靠性、准确性、特色程度等，需要严格筛选原始资料，同时甄别、考证、评估其来源和内容，确保质量与专业需要的统一性。此外，为增加高校智慧图书馆知识服务交互信息的特色、准确程度和有用性，需要构建专题库、机构库等知识库打造高校智慧图书馆的资源特点。②在资源再造（重组）的情境下，可以通过扩展路径来扩大有用功能的范围。为了实现用户信息检索、数据分析、知识利用和个性化推荐，需要进行资源再造。资源再造包括对现有资源的元数据进行重组，建立语义关联，从而构建情境资源库，使信息更加可视化和知识化。通过视觉分类聚类算法对资源内容进行处理，达到精细化、个性化的效果。同时，还可以通过加强信息关联和语义信息的表达来挖掘信息资源的知识价值。通过对资源内容进行重组和可视化呈现，可以提高资源的利用效果。

（3）服务情境激励性延伸的优化路径

通过智能化的知识服务平台，图书馆可以及时获取特定用户在特定情境下的需求，并向用户推送符合需求的资源内容。这种服务目标实现的过程需要考虑到人机交互的适配性和激励性设计，以实现多样化、层次化、个性化和准确的服务。①高校智慧图书馆通过标准化的服务流程,实现了对知识服务情境的适配和激励,使服务更加稳定、标准化、可移植和整合。②服务内容应当基于个人的需求进行定制,并且要具备适时、适量、友好、方便、有效、安全,以及适应性强等特点。因此,应该优化高校智慧图书馆的延伸路径,同时考虑服务流程的标准化和服务内容的个性化(见图4-13)。

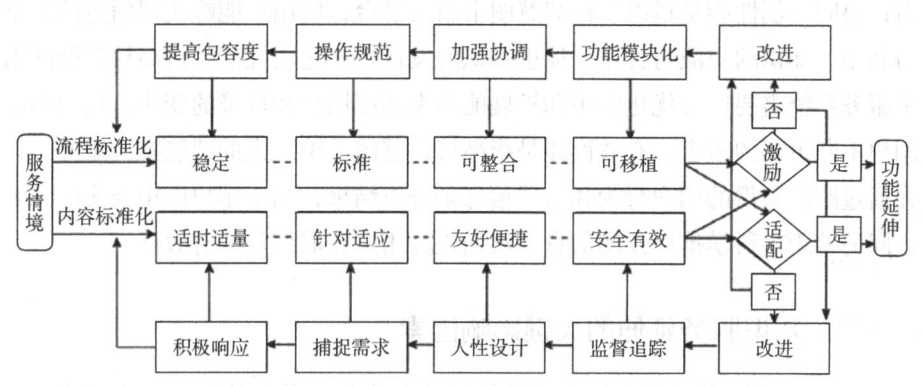

图4-13 服务情境激励延伸的优化路径

在综合服务流程的标准化和服务内容的个性化操作上,增加了高校智慧图书馆与不同情境适应和激励功能的匹配,包括以下两种方式:①服务流程标准化适配、激励的拓展途径。本书从服务平台系统的技术和服务流程要素出发,围绕服务流程是否规范,服务平台是否稳定、安全、友好,服务是否具有模块化移植功能,平台是否具有数据资源整合功能,提出了适应高校智慧图书馆服务情境的标准化流程。在开展服务时,在人性化与以人为本的设计观念中蕴含高校智慧图书馆服务平台的可延伸性与可优化性,为用户节省了时间成本。在服务内容、水平和层次方面,系统平台为用户自由调度、运用资源内容且及时更新采购等提供了平台。就算在规范流程的指引下,用户也存在出现错误的概率,因此容错性是高校智慧图书馆在系统设计过程中需要具备的。容错性的设计能够在遇到问题时,让用户退回到最近的正确步骤阶段重新操作,而非由于用户操作错误形成不反馈、死机和崩溃等情况,降低操作错误的损失且维持系统稳定。在资源整合过程中,高校智慧图书馆数据资源的迅速增量性,应通过组织资源、进行数据发掘、聚类融合发现知识,提升服务系统的可整合能力。②个性化适配的拓展途径。个性化适配指的是在界面的友好性、交互的可操作性、服务内容的适时适量与多样性方面,高校智慧图书馆为用户制定的服务内容和用户所需具有较好的匹配度。在符合个性化需要且鼓励用户持续应用服务方面，个性化适配的纪律性增加了用户的应用意愿，具有积极的促进作用。高校智慧图书馆知识服务的拓展需要实现适时适量、协调共创、适用和有效的性能。适时适量性能是指高校智慧图书馆能够及时、科学地满足用户的个性化需求，向用户推荐符合其偏好的知识服务的能力；协同共创性能是指以高校智慧图书馆为平台，使用户能够实现信息的共享与利用，知识的交流与合作，促进知识的发掘等；适用性能是指高校智能图书馆服务系统需要通过优化应用和扩展能力来匹配用户和环境的变化，从而满足用户不断更新的需求；有效性能是指高校智慧图书馆提供的智能推荐服务，旨在通过跟踪获得的用户行为和习惯偏好来分析结果，缩小用户期望与实际感知之间的差距，科学推广预测信息，从而提高用户获取信息的有效性。

二、知识服务延伸的关键影响因素

图书馆新的服务理念随着服务经济社会改革的潮流从理念变为现实，发展过程依次为传统图书馆、数字图书馆、移动图书馆、智能图书馆、智慧图书馆。图书馆的发展潮流和核心价值由资源主导型过渡到服务驱动型，知识服务从信息服务转变为智慧服务，尤其作为目前建设未来智慧图书馆知识服务体系的关注点，图书馆知识服务能力应该增强，服务产品的"智慧"要素应该提高。新时代以来，图书馆焕发服务经济社会的活力是建设高校智慧图书馆新型知识服务体系的必然选择，具体包括增加图书馆在社会经济发展中创意—创新—创造—创业链中的起始作用，翻开知识服务新篇章，为中国自主创新道路提供动力。

（一）知识服务延伸因素的内在协同作用分析

依据图书馆知识服务用户的实际所需：高校智慧图书馆知识拓展问题的研究过程为，从文献信息所需的检索、资源推介功能，到工具辅助所需的工具介绍、数据库培训、查新查引、数据规划，再到包括知识内容的关联分析、可视化分析等的知识发现需求，是高校智慧图书馆新型知识服务的核心内容。高校智慧图书馆因为供应的用户所需的个性化知识产品不是连续的，因此与用户日渐提高的高水平知识服务需求不符。在笔者看来，图书馆的知识产品供应也具有与企业提供产品类似的结构性问题。供给约束、供给抑制和供给结构老化共同构成了图书馆本身的结构性问题。可总结为，高校智慧图书馆知识服务拓展问题的根源在于图书馆存在的深层次的结构性供给不足。所以，只有构建可以深度解析高校智慧图书馆知识服务拓展问题影响因素与作用机理的系统分析模型，才能够对这一问题进行分析研究。

1. 资源因素对知识服务延伸的作用

各类图书馆资源被视为高校智慧图书馆知识服务的物质基础。知识服务可分为基础服务和专业技能服务。基础服务是指能够提供给用户进行学习和科学研究的各种资源，如数据资源、信息资源，以及计算机、自习室、创客空间等硬件资源。多种基础服务可以夯实用户知识创造和学习的基础，这些基础服务的实用性和系统平台的便利性对用户应用高校智慧图书馆知识服务平台起着重要的作用。图书馆提供的传统文献、网络、设备和空间资源，可视为高校智慧图书馆知识服务结构中的一项基础服务功能。虽然所有资源都对任何一个用户开放，但每个资源对于不同的用户有不同的用途，且所有用户不需要应用图书馆的所有资源。因此，从用户的角度来看，对他有用的资源才是有价值的。在开展知识服务的过程中，用户感知易用性、感知有用性和感知激励都受到平台的系统、关怀和服务质量的影响。因此，笔者认为，用户感知易用性、用户感知有用性和用户感知激励可以看作是用户的三个基础属性。

（1）用户对资源因素的感知易用性

用户感知易用性是指用户在使用高校智慧图书馆知识服务时所感受到的资源获取的方便性、简洁性和可控性。

（2）用户对资源因素的感知有用性

用户的感知有用性指的是用户对资源因素的实用价值感受，在高校智慧图书馆中，用户对资源因素的实用价值感受是指用户通过利用资源获取符合自身需求的数据、信息、知识和智慧。

（3）用户对资源因素的感知激励

在使用高校智慧图书馆的知识服务时，用户会对自己之前使用过的资源感到满意，享受正在使用的资源带来的沉浸式体验，并且会有再次利用资源的意愿和持续利用资源的行为表现。这些都构成了用户对资源因素的感知激励。

2. 人才因素对知识服务延伸的作用

通过技术创新、管理激励和专业技能的整合，图书馆可以借助专业技能充分发挥人才要素的重要作用和属性功能。因此，为了提高高校智慧图书馆的知识服务质量，图书馆需要重视人力资源的开发，培养和合理使用人才。图书馆的综合实力主要取决于馆员的专业技术能力、知识结构和综合素质，以及团队结构和协作能力的综合作用。这些方面共同体现在图书馆的知识服务中，其中，专业技能服务尤其突出了图书馆馆员的知识结构和专业技能，成为智慧服务最直接的体现，也是知识服务的核心内容和关键步骤。与传统的信息服务相比，高校智慧图书馆的知识服务不仅提供现成的数据、文献和信息，更为关键的是其运用专业技能服务开发新的知识产品或解决方案，通过深入了解用户的个性化需求，收集和组织信息，提供面向用户的专业服务。因此，笔者认为，人才因素在职业技能服务中起着至关重要的作用，具有属性功能。从用户的角度来看，它有三个基本属性，即感知易用性、有用性和激励。

（1）用户的感知易用性

用户的感知易用性是指他们在使用高校智慧图书馆的专业技能服务时，对于系统的方便性、易学性和可控性所产生的个人体验。

（2）用户的感知有用性

用户的感知有用性指的是用户在使用高校智慧图书馆的专业技能服务时所获得的深层次的专业知识产品，这些产品能够为用户提供他们需要的知识和智慧，让他们感到有价值。

（3）用户的感知激励

用户感知激励是指用户在获得高校智慧图书馆专业技能服务的过程中的满意度、沉浸体验感、再次利用的意愿程度和持续利用行为的评价。

3. 技术创新因素对知识服务延伸的作用

近年来，各类图书馆都在逐步整合新的资源和技术，以改变它们的服务，更好地满足教师、学生和研究人员的需求。图书馆内部的动力来源于信息技术的发展和应用，信息技术的发展和应用推动了图书馆从以图书馆、印刷文献为主的传统图书馆向网络化、数字化、知识服务为主的新型图书馆的转变。高校智慧图书馆利用物联网技术和信息技术的不断进步，拓展了图书馆的功能和服务模式，实现了更全面和创新的知识服务。因此，信息技术的发展和应用是高校智慧图书馆知识服务的关键基础。通过构建智高校慧图书馆知识服务系统，可以鼓励教师将最新的技术和资源应用到教学中，同时也可以促进图书馆服务的创新和变革。图书馆采纳大数据、物联网、云计算、数据关联、语义组织、智能分析、知识发现等技术，以此支持高校智慧图书馆知识服务逐步扩展的运营体系。高校智慧图书馆技术创新因素对知识服务的影响可以通过知识服务的各个方面来表现，因此企业在进行技术创新时，需要考虑用户体验的易用性、功能的有用性和激励用户的效果等方面，这些因素都会对知识服务的质量和效果产生重要的影响。

随着信息技术的不断发展，用户的高校智慧图书馆服务要求和利用方式不断变化，因此高校智慧图书馆正在逐步整合新技术和资源，改变服务方式，以满足不同人员的需求。目前，随着知识服务领域的多元化发展和技术手段的不断更新，传统的纸质借阅、手工索引、编写文献等方式已经被数字化、网络化的方法替代。信息推送、智能代理等现代信息服务技术已成为提供在线咨询、知识导航、知识评价和创新知识产品开发等服务的重要手段。如果没有新技术的应用和支持，高校智慧图书馆的信息组织、管理协调、共享行为、用户服务和组织效率都将得不到保障。因此，推动新技术、新方法在高校智慧图书馆知识服务中的应用，有助于激发高校智慧图书馆知识服务的新动力。通过技术创新，可以有力地促进高校智慧图书馆知识服务体系的建设。

（二）知识服务延伸的影响因素分析

1. 用户特质影响知识服务延伸

用户特质是影响知识服务延伸的重要因素，其中包括用户的知识结构和创新能力。用户对新知识的接受、转化和理解能力受其已有知识结构的影响。当用户的转化理解能力更强时，他们更容易接受高校智慧图书馆提供的知识服务新技术和新方法，这进而提高了知识服务的效果和用户感知力，同时也为其他用户带来更多的鼓励和合作机会。用户的知识结构越完整，就越能有效地促进其他用户的交流和学习。那些能够有效评价他人提供的信息资源，并对他人的知识资源进行合理组织和总结的用户，更有可能愿意与他人分享知识并提供服务，这将有助于形成可持续的使用行为。因此，为了让用户持续使用知识服务，高校智慧图书馆应该建立一个平台和机会来让用户共享、融合和协同创造知识，并且鼓励协同式的知识创造。在知识服务过程中，图书馆可以选择那些已经拥有较好的知识基础，并且擅长协同合作，能够充分利用团队资源的用户来参与。

2. 用户的社会身份影响知识服务延伸

在高校智慧图书馆共享知识服务过程中，为促进用户持续完善自我形象和增强对集体的贡献，需要发挥社会身份对集体和个人荣誉感的积极作用。社会地位较高的用户更喜欢通过分享个人知识来积累有用的见解，这对科研团队有积极的作用，能够激发科研团队的合作与创新意识。因此，只有将用户的个人价值意识深度融入群体发展，才能提升用户的忠诚度。通过最大限度地掌握用户的需求，提高用户在知识服务中对社会身份和地位的自我认知，使群体协同发展，个人价值感不断增强。

3. 基础服务影响知识服务延伸

为了宣传高校智慧图书馆知识服务系统平台，高校应为用户准备简洁舒适的信息共享空间，方便统一检索利用的信息资源平台和其他容易操作的电子设施与资源，这些基础服务可以使用户体验显著增强，由此增加他们对高校智慧图书馆知识服务系统的黏性。为用户建立学习与协作创新的空间是高校智慧图书馆知识服务的重点。其中，有独立的讨论空间和协作研究室作为用户学习、讨论和交流的平台，被视为知识服务的一个重要组成部分。通过方便使用的服务设施和广泛的学习资源，用户可以轻松享受基础服务，并从中获得更多有用的体验。这不仅可以提升用户体验，还可以进一步鼓励他们沉浸在高校智慧图书馆知识服务系统平台中，并持续使用系统。此外，基础服务对知识服务的间接影响最为明显。因此，高校智慧图书馆在提供基础服务时，应充分考虑和努力满足用户学习、科研和协同创新的需求，鼓励用户积极利用其资源和服务设施。

三、知识服务延伸资源情境

（一）高校智慧图书馆资源情境的内涵与要素

高校智慧图书馆的情境感知特点凸显了智能服务的优化，通过巧妙应用情境感知技术实现了信息推荐的目标。这一技术在资源情境的建设和再造中发挥了关键作用，是整个知识服务基础的重要组成部分（见图4-14）。大数据环境在这一背景下对用户创新和管理创新产生了积极的影响，为科研第四范式的发展提供了有力支持，从而促进了知识网络和协同创造的不断发展。在创新2.0的模式下，高校智慧图书馆的服务更加注重迎合知识创新的新方向。这个时代下，用户知识创造呈现出协同创新的趋势，因此高校智慧图书馆需要在这一背景下提供充分的资源和平台支持。只有这样，才能更好地满足用户的需求，促使知识创新在创新 4.0 时代达到更高的水平。资源情境的重要性凸显了大数据环境对知识服务的多方面影响，从而推动了创新 2.0 模式向创新 4.0 模式的转变。用户在这一演进中更加依赖于协同创新，而高校智慧图书馆的知识服务延伸的目标在于顺应这一趋势，通过为用户提供个性化、协同化的知识服务，以保障其知识创新的需求。

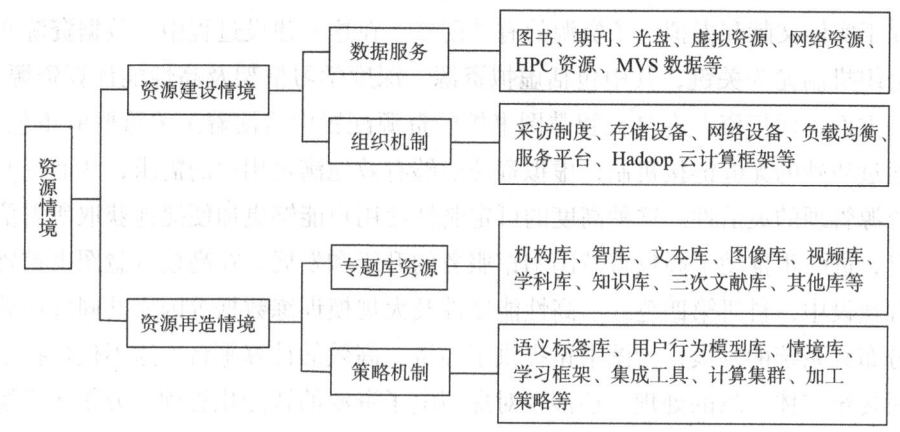

图 4-14　高校智慧图书馆资源情境的要素构成

高校智慧图书馆作为知识服务的重要平台，其发展涵盖了资源建设和资源再造两个关键方面。资源建设方面，高校智慧图书馆通过采购方式的变革，不断适应新型数据资源的需求，其中包括网络、移动视觉搜索等方面的创新。这一变革不只是简单的技术更新，更是对整个组织机制的质的提升。硬件和云计算框架的改进使图书馆能够更高效地处理和管理大量信息资源，从而提供更优质的服务。资源再造则通过专题库的构建来实现，这有助于提高服务推荐的特色，并强调图书馆所拥有的独特资源。这一过程并非只是对现有资源的简单整合，更是通过对特定主题领域的深入挖掘，使图书馆能够成为用户获取专业领域知识的首选平台。在资源再造的过程中，高校智慧图书馆制定了策略，采用了语义关联和情境建构的方法，这种多维度信息处理的策略不仅实现了个性化推荐，而且在用户的使用场景中建构了更为丰富和深刻的信息体验。最终，通过资源建设和资源再造的双重推动，高校智慧图书馆成功地构建了专业水准的新知识产品库。这个产品库不仅满足了用户个性化的知识需求，而且凸显了图书馆作为知识服务中心的核心地位。这种综合性的发展使图书馆更好地适应了当今信息时代的挑战，同时也为用户提供了更为便捷、精准的知识获取途径。

（二）资源情境的构成

1. 资源建设情境

高校智慧图书馆作为现代信息服务的重要组成部分，其资源建设的核心在于实体文献和虚拟电子资源的有效配置。在这一建设过程中，数据资源和组织机制尤为关键，其中包括虚拟资源、深度学习框架及高性能计算资源。一方面，虚拟资源在高校智慧图书馆的资源配置中扮演着至关重要的角色。通过巧妙的无缝链接机制，虚拟资源能够有效地满足用户的需求，从而提升资源管理的灵活性。这种高度的可定制性使用户能够更加便捷地获取所需信息，进一步推动了高校智慧图书馆服务的升级和发展。在高校智慧图书馆资源建设中，科研第四范式、高性能硬件及大规模训练数据等因素共同推动着分布式系统的发展，为图书馆提供了经济、高效的计算平台。这不仅包括了对传统实体文献的处理，还涉及对虚拟电子资源的智能化管理。分布式系统的负载均衡和协同机制为云计算赋予了高并发能力，从而支持了新型信息资源的获取和存储。这一基础技术的不断升级将为高校智慧图书馆的未来发展奠定坚实的基础。另一方面，深度学习框架的应用也在图书馆服务中展现出强大的支持力量。特别是在图像处理方面，深度学习框架为高校智慧图书馆提供了先进的技术手段。通过对图书馆资源中的图像信息进行智能分析和处理，深度学习框架不仅提高了资源利用效率，同时还为用户提供了更为丰富和便捷的服务体验。综合而言，高校智慧图书馆资源建设的核心在于实体文献和虚拟电子资源的有效配置。数据资源、组织机制、虚拟资源、深度学习框架和高性能计算等要素相互交织，共同构筑了一个灵活、高效的信息服务平台，为图书馆的现代化发展提供了有力支持。

2. 资源再造情境

高校智慧图书馆资源再造的目标在于对现有数据进行升级，该过程的核心任务包括对信息进行关联、组织和加工，以提升整体资源的价值。在此过程中，元数据、语义化、知识化和情境化等标准被视为至关重要的因素。通过这些标准，学校能够更加精细地描述和管理图书馆中的信息。首要的工作是运用语义描述、聚类、关联、整合和可视化等先进技术，以更深层次地扩展数据的功能。

通过语义描述，赋予数据更多的含义和上下文，使其不只是静态的信息集合，更是一个具有智能性的知识体系。同时，通过聚类和整合，我们能够将零散的信息片段有机地连接起来，形成更为系统化和有机的知识结构。同时，关联技术的运用使不同信息之间的联系更加明晰，为用户提供了更为全面和深入的研究路径。这种关联不仅体现在信息的内在联系上，还包括和用户需求的直接关联，从而使得图书馆资源更贴近用户的实际需求。资源再造的对象广泛，涵盖文字、图像、视频等数字资源，通过特征化标注、情境设计和关联算法的重新定义，使这些资源更具有智能化和个性化的特征。文字信息得以更准确、全面地呈现，图像和视频资源则通过智能关联和情境设计呈现出更高层次的信息价值。这种重新定义使图书馆资源不再只是信息的仓库，更成为知识的生成和传播的平台。用户个性化情境在智慧图书馆知识服务中占据至关重要的地位。通过融合用户的个人信息，如 ID、性别、年龄、学历等，图书馆能够更好地理解用户的需求和偏好，实现更加精准的个性化推荐服务。这种服务不仅提高了用户的满意度，而且使图书馆在信息服务领域更具竞争力。总的来说，高校智慧图书馆资源再造通过对数据的重新组织和定制加工，将传统的图书馆转变为具有智能、个性化特征的知识服务平台。这一过程不仅提升了图书馆资源的整体价值，而且更好地满足了用户多样化、个性化的知识需求。

资源再造是用户知识服务的关键环节，其核心在于通过重新组织内容、整合元数据和关联语义，构建情境化资源库，以实现信息的知识化和可视化，从而促使资源的增值。在这一过程中，可视化整合和聚类算法起到至关重要的作用，它们确保资源情境的准确性，使用户能够更直观地理解和应用信息。同时，信息关联和语义强化是资源再造的另一个重要方面，通过这些手段可以提升资源的知识价值，使其更具实用性和适应性。这样的资源再造不只是简单的组织和整合，更是在知识服务中推动服务功能的延伸，为用户提供更全面、深层次的知识支持。因此，资源再造不只是对信息的简单处理，更是一项综合性的工程，为用户提供更加智能化和个性化的知识服务。

（三）资源情境的建构

1. 资源情境建构方法与本体架构

（1）资源情境建构方法

①基于协同过滤的情境感知推荐技术。在信息技术飞速发展的背景下，

用户获取信息的方式也愈发多样化。弱相似用户概念的引入为信息推荐系统注入了新的活力。当用户同时接收相同信息时，他们被定义为弱相似用户，形成了关联信息资源。推荐系统在这一概念基础上，通过寻找K个弱相似用户，将其纳入推荐集，从而扩大了推荐的范围与多样性。这一过程为用户提供了更为全面的信息选择，使推荐结果更符合用户的个性需求。排序阶段的关键在于如何通过相似性算法选取多个信息资源，以便更有效地满足用户的偏好。在协同过滤方法中，引入情境信息成为一种有效的手段，基于情境匹配算法，推荐系统能够更加精准地捕捉用户的实际需求，从而提高推荐的质量。这一多种协同过滤方法的综合应用，使推荐系统在信息筛选和排序的过程中更加灵活和智能。为了进一步提升推荐系统的性能，情境感知推荐技术应运而生。这一技术不仅能够提高推荐的准确性，还能深度挖掘用户的兴趣。通过感知用户的实际情境，更好地理解用户的行为模式和偏好，为用户提供更加个性化、贴近实际需求的信息推荐。因此，情境感知推荐技术成为推荐系统中的一项关键技术，可以为用户提供更加智能化的信息服务，使推荐系统在大数据时代更具竞争力。

②基于内容的情境感知推荐技术。基于内容的情境感知推荐技术是推荐系统领域的一个重要研究方向，其核心目标在于更全面地理解和满足用户在不同情境下的资源偏好。学者致力于创新方法，以提高推荐系统的个性化和精准度。其中，贝叶斯网络被引入以实现个性化推荐，通过对用户行为和偏好的概率建模，系统能够更好地捕捉用户在不同情境下的资源偏好。此外，基于位置的移动推荐算法也是情境感知推荐技术的一个重要组成部分。这一算法通过获取用户当前的位置信息，结合地理环境特征，为用户提供更精准、实时的推荐服务。在这个背景下，成功打造移动服务的推荐系统成为研究的热点之一，充分利用时间、位置和网络状态等多维信息，以更好地满足用户的个性化需求。情境感知推荐技术不只局限于基础的用户行为和位置信息，还考虑了更多的情境因素，如性别、年龄、情绪、噪声和时间等。一些学者提出了结合多维情境信息的综合模型，通过考虑用户的情感状态和周围环境的动态变化，预测用户的心情，并相应地调整推荐策略，如在用户情绪低落时推荐欢快的音乐。综合而言，基于内容的情境感知推荐技术在推荐系统领域展现出了巨大的潜力。通过整合多维情境信息，系统能够更全面地理解用户需求，提升推荐的个性化水平，为用户提供更加贴近实际需求的推荐资源。

未来的研究可以进一步深化对不同情境因素的理解，提出更加精细化、智能化的情境感知推荐算法，以更好地适应用户多样化的需求。

③混合式情境感知推荐技术。众多学者联合深入研究，试图摆脱单一推荐方法的限制，寻求多种方法的智慧结合。这场探索的领域广泛，包括混合呈现、加权、串联、组合等多重策略。有学者取得了显著的突破，通过将基于内容和基于知识过滤的情境感知技术有机地交汇，融合了用户终端能力、网络状况、位置及活动状态等多元信息，巧妙地为移动用户塑造了高度个性化的多媒体信息推荐服务。此外，还有学者以独创性的混合方式构建了加油站推荐系统，采用了基于知识、基于内容和基于协同过滤的情境感知推荐方法，通过精巧地整合这些不同维度的信息，该系统在满足用户需求和偏好方面取得了显著成果。

（2）资源内容的情境本体架构

情境建模在普适计算领域中被广泛应用，尤其是在情境感知推荐方面，展现出高效的优势。具体而言，基于 OWL 编码的情境本体模型已在多个领域取得成熟应用，其价值不只局限于知识获取，而且在应用系统的自适应决策过程中变得尤为关键。情境感知推荐作为一种先进的推荐方法，其核心在于通过对用户当前情境的深入理解，为用户提供个性化、精准的推荐服务。在普适计算的背景下，情境建模能够更全面地捕捉用户的特定需求和环境条件，为推荐系统提供更为准确的信息基础。在具体应用中，图书馆资源推荐是情境建模的一个重要应用场景，引入情境实体成为该推荐过程中不可或缺的一环。通过三元组的规范化描述，我们能够更准确地表达实体之间的关系，为情境感知推荐提供了坚实的语义基础。此外，为了更全面地涵盖各方面的信息，情境类别的扩展变得至关重要，用户类、环境空间类、资源类、互联终端类、服务类、技术类等情境类别的广泛接受，使本体能够更好地适应图书馆资源管理的多样性和复杂性。通过情境实体的详尽描述，我们不仅能够捕捉用户的需求和偏好，还能考虑到环境的动态变化和不同资源之间的关联。

情境本体设计见图 4-15，它展示了图书馆情境感知中间件的重要方面，其中用户类、情境类和资源类是关键要素。用户类涵盖了用户的各种特征，包括但不限于 ID、性别和年龄等。情境类考虑了用户所处的位置、时间和设备等因素。资源类则涵盖了图书馆中的各种资源，包括专业领域和关键词等。

中间件在图书馆情境感知中起到关键作用,它通过属性刻画实体情境,并定义了情境实体及其属性。通过建立全面的情境本体,中间件有助于更好地匹配资源内容与服务系统,从而促进知识服务的拓展。这种情境感知的方法使图书馆能够更加智能地适应用户的需求,提供个性化的服务。通过深入理解用户类、环境空间类、互联终端类和资源类的关系,中间件为图书馆提供了一个强大的工具,帮助其实现信息资源的有效管理和利用。

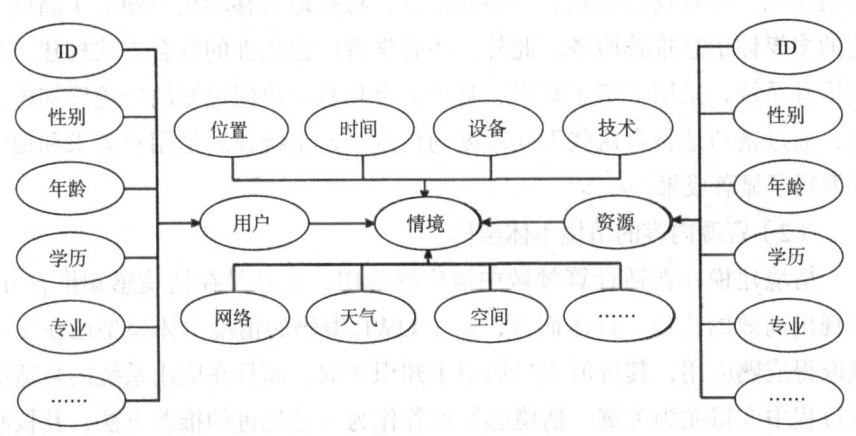

图 4-15 情境本体设计

2. "用户—情境—资源"模式

(1) "用户—情境—资源"概念

研究高校智慧图书馆资源情境建构的过程被归纳为三个核心阶段,即资源建设、资源再造情境和资源利用。在这一研究框架中,引入了"用户—情境—资源"模型,以更全面地理解高校智慧图书馆资源的动态变化。首先,资源建设阶段着眼于创建和积累各类信息资源,为后续的应用打下基础。其次,资源再造情境阶段涵盖了将"用户—资源"模型与位置、时间、设备、网络、天气等情境信息融合的创新整合。这一新模型不仅拓展了资源建设的层面,更丰富了资源信息的维度,从而提升了资源的实际价值。新模型的关键之处在于其能够联结用户、情境和资源,形成了一个更为综合的"用户—情境—资源"模型(见图 4-16)。通过将用户需求、使用情境和资源特性有机地结合,智慧图书馆能够为不同情境和兴趣的用户提供个性化的信息推荐服务,这种关联性为高校智慧图书馆在信息资源管理上提供了更为灵活和差异化的方法。在资源利用阶段，这一模型的实际应用为高校智慧图书馆的信息服务提供了更为精准和个性化的路径，使其成为高校智慧图书馆实现信息资源个性化推荐的关键研究方向。

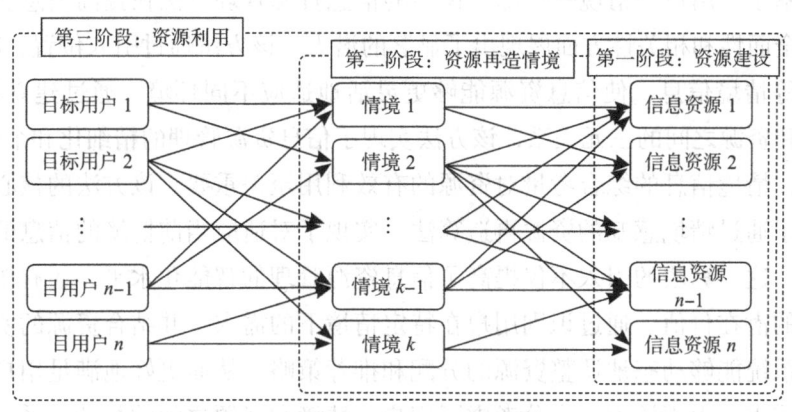

图 4-16 "用户—情境—资源"模型

高校智慧图书馆的优化离不开"用户—情境—资源"模型，该模型将用户、情境和资源有机地结合在一起，将情境作为纽带，实现了资源再造情境的有机过渡。在模型的演进过程中，关系得以转化。通过三个递进式的阶段，模型成功挖掘并转化了用户之间的弱相似关系和资源之间的弱关联关系，使其转化为强相似关系和强关联关系。这一关系的升华为整个系统奠定了坚实的基础。在资源再造情境的过程中，模型不只是简单地转化关系，而是最终实现了服务推荐的信息资源集合的生成。这个推荐生成的过程是模型发挥最大潜力的阶段，通过精心设计的算法和技术手段，用户得以在当前情境下获取最为符合需求的信息资源。这一技术的应用离不开数据整合与处理技术、语义挖掘和关联技术的协同作用，弥补了以往资源再造系统在考虑情境因素时的不足之处，使得整个系统更智能、更适应用户的实际需求。在算法创新方面，模型引入了基于情境感知的资源再造算法。这一算法不仅考虑了用户的个人偏好，而且结合了用户当前所处的情境信息。综合利用情境信息和用户偏好，该算法独创地结合了基于情境和基于内容的推荐算法，为用户提供更个性化和符合实际情况的信息资源推送。推荐流程是整个系统中的关键一环，在用户处于某一情境时，算法通过将情境信息与内容过滤结合，精准地推送符合当前情境的信息资源。这一流程的设计旨在使用户对信息资源的获取更为便捷和高效。高校智慧图书馆通过引入这一学术性模型结构，实现了用户体验的全面提升，为信息资源的智能推荐提供了新的可能性。

（2）"用户—情境—资源"的价值增值模式

基于"用户—情境—资源"模型的信息资源管理方法在提高信息资源利用的全面性和相关性方面展现出了显著的潜力。该方法通过引入位置、时间、设备等情境信息，使信息资源能够更灵活地适应不同环境。通过建立用户、情境和资源之间的三元关系，该方法实现了信息资源管理的精细化和个性化。其中，情境信息的综合考量对资源的有效利用至关重要。该方法的核心创新点在于通过情境感知的资源再造算法，实现了对适应当前情境的信息的精准推荐。这一算法的引入不仅提高了信息资源管理的智能化水平，还有望挖掘资源的潜在价值。通过识别用户在特定情境下的需求，并结合资源的实时情况，系统能够动态地调整资源的分配和推荐策略，从而更好地满足用户的个性化需求。由于该方法充分考虑了用户、情境和资源之间的复杂关系，为资源管理提供了一条有效途径。通过实现信息资源的动态管理和优化，该方法有望在推动信息社会的发展过程中发挥重要作用，其应用前景不只局限于提高信息检索的效率，更为各个领域的信息资源开发和利用提供了有力支持。在未来，这一基于"用户—情境—资源"模型的管理方法将为信息科学领域的发展带来新的思路和机遇。

3. 多维情境知识关联的新型资源网络

图书馆资源的丰富性表现在跨足多个载体、语种、学科和来源。为了最大限度地利用这一资源，需要在多维情境建构方面进行深入研究，以揭示信息资源内容的广度和深度关联。研究结果表明，通过多层次、多视角的数据资源挖掘与语义关联，可以有效提升图书馆信息资源的知识价值。在这一过程中，有序、可视的资源情境建构被视为将情境信息作为资源内涵本体的关键要素，从而揭示其中蕴含的知识。着重强调用户角度对知识资源主观价值的认同，该方法实现了结构化描述和内容属性匹配，从而加强了语义关联的资源聚类和再生资源情境的整合。这一方法提供了一个结构化知识网络情境，全面涵盖了信息内容属性、本体关系、引证关系和未挖掘的隐性知识关联。通过这种方式，我们能够更全面地理解和利用图书馆信息资源，从而进一步丰富知识体系。

4. 资源情境利用的可视化与可理解性

在学术研究中，信息的呈现扮演着至关重要的角色。通过采用可视化工具，能够显著提高资源情境的可视性与理解性，从而推动用户更为有效地利用信息。这种清晰直观的展示不仅使信息更加美观，而且进一步提升了学习和记忆的效果，降低了学习的认知负担。通过可视化的手段，用户能够在信息交流中达到更高的效率，增进信息的利用效果。通过可视化形式展示信息，可以实现逐层解析，使用户更容易理解其中的语义关联。这种信息的可视化转换是一种强大的工具，有助于将复杂的文本信息转化为直观的图像，使用户更轻松地掌握信息的内在关系。资源情境的可视性不仅是为了提高外在形式的美观度，而且是为了揭示信息资源之间的语义关联和资源的重组再造。通过可视化工具，能够将抽象的文本信息转变为具体的可视形式，从而更全面地理解资源的结构和内在联系。这种转换为用户提供了多角度的视觉呈现，使其能够深入了解和掌握资源情境，从而更有效地利用这些信息。提高资源情境的可见性并非简单地追求外在的形式美感，而是通过对资源信息进行分解和增值，提升资源内容的可理解性和可识别性。通过多层次的信息可视化，用户能够更全面地了解资源的内在结构和蕴含的信息，从而更高效地利用这些资源。

四、知识服务延伸互联情境

（一）互联情境的主要构成

1. 技术情境的主要构成

在信息化时代，信息技术、基础设施和信息化情境构成了当代技术要素的重要组成部分。其中，知识服务平台作为关键的技术载体，以先进的信息技术为支撑，灵活、巧妙地连接实体与虚拟空间，为广泛的用户群体提供全面的知识服务。该平台的运作依赖于多重技术要素，其中，网络、感知、通信、应用和信息安全技术发挥着关键作用。通过这些技术的有机结合，平台在技术和物质层面实现了对数据的全方位处理，使知识服务得以高效、安全的进行。在信息技术的支持下，知识服务平台实现了数据的交换、整合与共享，成为智慧图书馆互联互通的核心。各类信息技术的融合使平台具备了强大的数据处理能力，可以为用户提供更加便捷、智能的知识获取体验。这种技术的整合不仅提高了知识服务的效率，而且推动了信息化时代下图书馆服务的全面升级。

(1) 信息技术情境

智慧图书馆的高效运行得益于其先进的信息技术支撑系统，该系统以整合感知、通信、网络、应用和信息安全为基础，形成了一个庞大而紧密结合的网络。这一系统涵盖了多个子类信息技术，为图书馆提供了全面而卓越的服务。

(2) 信息基础设施情境

高校智慧图书馆信息基础设施情境分为硬件和软件两个核心部分（见图4-17）。硬件包括无线基站、通信管网、中继设备以及机房和相关设施，构成了稳定的信息网络基础。这些元素共同确保了用户在图书馆内获取信息的顺畅体验。软件层面主要体现在知识服务信息平台，其通过高效的信息管理系统和个性化服务，为学术研究提供支持，并不断优化用户体验。综合而言，这两方面的完善相辅相成，为高校智慧图书馆提供了高效、创新的信息服务环境，奠定了其在信息时代的持续发展基础。

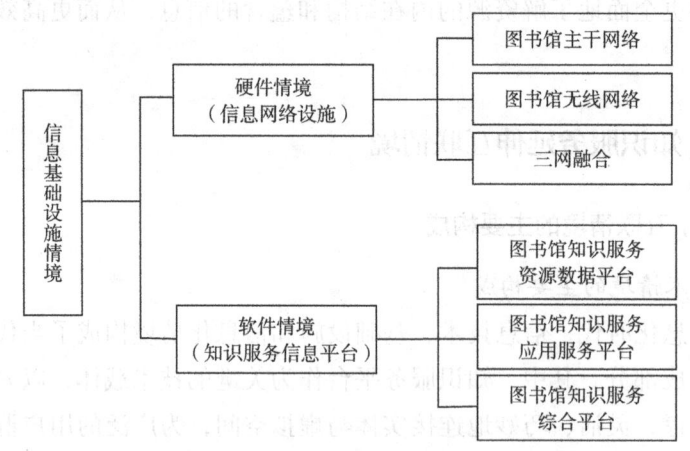

图 4-17　高校智慧图书馆信息基础设施情境的主要内容

高校智慧图书馆的核心任务在于构建一体化的信息网络，确保其安全、高效、广泛覆盖、多元融合。主干网络包括宽带局域网和宽带网络，充分利用光纤技术支持语音、数据和视频通信，为用户提供稳定且高速的信息检索和传输通道。图书馆无线网络采用了先进的第五代移动通信网络技术，实现了全方位的覆盖，这使得用户可以在任何地点，随时利用各种互联终端设备获取所需信息，从而极大地提高了用户的学术研究效率。此外，全面的网络覆盖也促进了学术界的合作与交流，为知识的共享创造了更为便捷的条件。三网融合是一项全面深化的战略举措，旨在实现电信、电视和互联网资源的共享，以提供更为多样化的服务。这一融合的基础设施主要包括高校智慧图书馆和知识服务数据中心。

高校智慧图书馆作为关键的基础设施之一，涵盖了管理系统、计算、存储和网络资源。其目标在于建立一个高效的信息管理系统，以确保各类资源得以顺畅调度和利用。这一基础设施的重要性在于为三网融合提供了坚实的技术支持，使各类服务能够有序进行。知识服务数据中心是实现三网融合的另一核心要素。它不仅提供数据储存的支持，而且更为重要的是为整个系统提供计算和调度的支持。这一数据中心的存在，使各种信息和资源能够得到高效的储存和处理，为用户提供更为便捷、高效的服务。在技术层面，平台软件发挥着关键的作用。这些软件包括数据管理、目录、数据交换、接口服务和门户系统等方面。通过这些软件的协同作用，整个系统能够更好地管理和利用各类资源，从而实现对智慧服务应用技术的全面支持。

（3）基础设施信息化情境

高校智慧图书馆的成功建设关键在于基础设施的信息化，这一过程涵盖了传统设施的升级和服务系统的改造。基础设施信息化主要分为资源性和服务性两个方面，旨在通过信息技术的创新实现自动化和智能化。在这两大基础设施的共同作用下，高校智慧图书馆知识服务平台成为智能应用的理想场景，支持资源的共享与协同运作。实现这一目标的关键任务之一是高效整合物联网技术与基础设施，使图书馆更为智能、科学、人性化，同时符合以人为本和绿色发展的理念。这种融合不仅提升了图书馆的整体智能水平，还使其更为符合当代社会对科技发展和人性关怀的期望。高校智慧图书馆的智能化改造在全面提升了知识服务活动的同时，也为用户提供了更为便捷、高效的信息获取和利用途径。这种改革不仅在技术上使图书馆实现了现代化的飞跃，更在服务理念上彰显了以用户为中心的原则。

2. 空间情境的主要构成

空间情境可以分为物质空间和属性空间两个层面，前者由物质资源和环境组成。高校智慧图书馆的运作形式在多个方面展现了先进技术的运用，包括智能识别、电网、水网、建筑、管网、应急和环境监测等,这种运作形式重新定义了图书馆的管理方法,使其更加高效和智能化。智能技术在图书馆领域的影响不可忽视,如ROI定位、位置预约系统和知识服务搜索引擎等工具的应用,已经从根本上改变了信息资源的获取和管理方式。这些技术的引入使图书馆能够更好地适应信息时代的需求,提高服务的质量和效率。属性空间的形成与物质要素在空间中的投影密切相关,同时还会受到布局形态的影响。信息通信技术的蓬勃发展使图书馆结构更灵活、功能更模块化。物质要素在空间中多样组合,形成属性空间的多功能形态。新兴技术推动高校智慧图书馆服务多元复合发展,是变革的主要动力之一。技术的不断进步为图书馆提供了更多创新的可能性,使图书馆在服务方式和内容呈现方面更加灵活和多样化,使高校智慧图书馆的功能空间呈现出人性化和创意化的趋势,使不同功能的融合发展得到强化,占比发生变化,整体呈现出融合发展的趋势。这种趋势使智慧图书馆能够更好地满足用户需求,为社会提供更加全面和个性化的知识服务。

(1)高校智慧图书馆中的空间物质情境

高校智慧图书馆是传统图书馆在新兴信息技术浪潮下全面变革的代表。通过整合图书、馆舍、网络设备等资源,它实现了对物质空间的深刻改造。虚拟空间的形成成为用户自我服务和其他服务开展的基础,通过自助服务系统,用户能高效获取信息、自主检索、借阅,提升了使用效率。此外,高校智慧图书馆以虚拟空间为平台,通过网络技术提供在线学术资源、数字化文献检索等服务,让用户随时随地享受丰富资源。这一创新不仅在技术上带来了颠覆性变革,更为用户提供了便捷、高效的学术支持,展现了传统机构在适应新技术冲击时的积极进取和创新应变。

图书馆物质空间的演变得益于新兴信息技术的推动,带来了全新的发展形态。物质要素与先进技术的融合,使图书馆空间呈现出数字化、智能化、信息化和知识化等新特征。这种融合不是简单的技术应用,而且是一场对物质环境运作形态的深刻变革。在当今的科技浪潮中,新技术与物质空间相融,塑造出智能图书馆的面貌。互联感知、语义连接、交互反馈、控制功能的融合,赋予了图书馆强大的知识服务支持。感知技术使图书馆实时获取环境信息,提高管理效率;语义连接通过自然语言处理优化用户体验,实现智能匹配和推荐;交互反馈和控制功能则为图书馆注入灵活性,更好地满足用户需求。这种智能运作和虚拟空间演进的结合，使图书馆由传统的知识存储地转变为高效智能的信息中心。新技术引领下的图书馆，不仅提升了服务水平，更为用户带来了便捷、个性化的知识获取体验，彰显了其在时代发展中的创新力与活力。

（2）高校智慧图书馆的空间属性情境

在新一代信息技术的引领下，智慧图书馆的空间结构正在经历由传统向功能模块演变的重大变革。这一转变强调了图书馆的人性化和创意化，使其更符合当代社会的需求。传统的实体场所逐渐被多样化的虚拟空间所替代，其中包括社区、微学习及电子邮件等多元化服务，有效地减少了用户对实体图书馆的依赖。互联网和远程通信的飞速发展使图书馆的物质空间变得更加流动，服务不再受地理位置的限制，而是通过信息流直接连接用户。整体发展趋势明显朝虚拟化方向迈进，信息流动成为主导因素，强调图书馆的灵活性和创新性。这一趋势推动着图书馆从传统的实体场所转变为数字化和网络化的知识中心，使用户能够更便捷地获取和共享信息资源。高校智慧图书馆的演变不仅是技术手段的更新，而且是一种服务理念和空间布局的全新构思。通过充分利用新技术，图书馆不仅提供了更广泛、更便捷的服务，同时还为用户创造了更为开放和创新的学习环境。这一变革引领着图书馆朝着更智能和更具人文关怀的方向发展，使其在数字时代更好地满足用户需求，成为知识共享和创新的重要场所。

高校智慧图书馆的空间功能变革与其所处位置和服务场所的调整密切相关，合理布局是可持续发展和健康运行的关键。图书馆的功能不仅是信息服务，而且是物质环境中服务的体现，具有情境属性和多元化特征。其内外部功能的协调决定了其发展动力与生命活力。图书馆不是单一功能场所，而是通过多样性服务和空间布局满足用户需求的场所。这种协调关系不仅体现在内部资源配置上，还展现在外部环境应对上，使图书馆充分发挥服务作用。智慧图书馆健康发展需注重综合考量用户需求和未来规划，空间布局应适应社会需求和科技变革。协调关系的维护将深刻影响图书馆的发展。

高校智慧图书馆作为学术交流的核心，其多功能性质不仅应涵盖传统的阅览和查询服务，而且应涵盖体验、咨询、休闲和辅助决策等方面的服务。随着图书馆功能的重构，信息技术的渗透导致空间虚拟化，引发功能空间全新变革，不再受限于传统实体空间，高校智慧图书馆通过数字化手段将服务拓展至虚拟领域,提高可访问性和灵活性。功能空间的融合发展是当前的趋势,如藏书、阅览、自修和信息服务等区域相互交融,形成有机整体(见图4-18)。阅览区域不再只是存放和阅读书籍的场所,更成为学术讨论和知识分享的空间,与信息服务区域紧密联系。这使用户能够更顺畅地切换功能,促进了跨学科的学术互动。高校智慧图书馆的演进标志着物联网、互联网和人工智能在图书馆领域的深度融合,构建了实体与虚拟的独特"灰体空间"。这一新型空间的出现不只是对传统图书馆功能的拓展,更是对查询、阅览、咨询等活动领域的全方位提升,为各功能区域的协同发展注入了强大动力。虚拟空间的引入为知识共享和创新提供了崭新的思路,将图书馆塑造成了一个多功能复合空间。共享空间、智慧社区和创客空间相互交融,形成了一个具有多重功能的综合体系。在这一新格局下,高校智慧图书馆不再只是书籍的存储场所,更是一个知识交流和创意碰撞的聚集地。这场变革不仅改变了用户获取信息的方式,而且消除了空间距离对用户联系的限制。用户在这个全新的高校智慧图书馆中,享有更为灵活且多元的知识服务体验。无论是共享空间中的协同学习,还是智慧社区中的知识分享,抑或是创客空间中的创意孵化,都展示了高校智慧图书馆在满足用户需求方面的深刻变革。虚拟空间的发展消除了空间距离对用户专业、学科、社会身份之间联系的障碍,为用户提供了更加灵活且多元的知识服务体验。

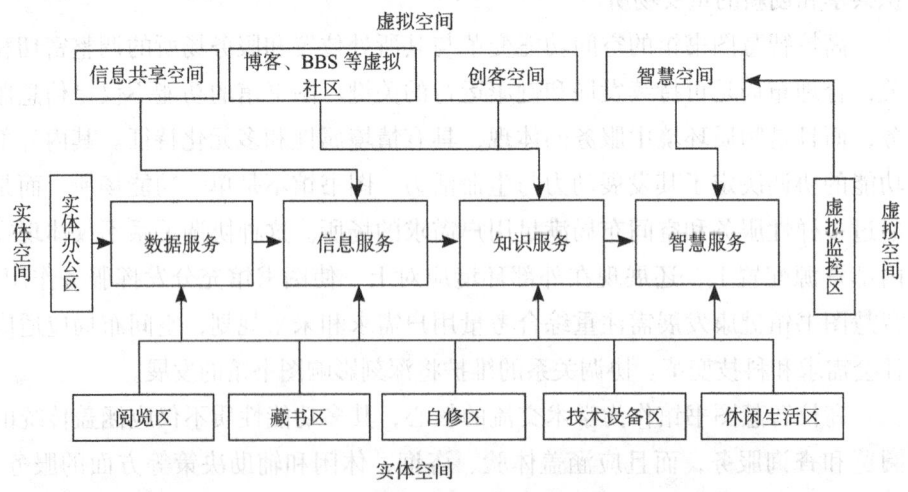

图 4-18 高校智慧图书馆主要功能空间融合发展趋势

（二）互联情境的建构

高校智慧图书馆在知识服务领域呈现出与众不同的特征，其关键差异主要体现在物物互联、用户位置感知、时空无限制服务和新兴技术应用等方面。这些特征不仅使图书馆的知识服务得以顺利延伸，而且为用户提供了更为便捷的使用体验。在实现这一目标的过程中，易用性的优化尤为关键，而其关注点主要涉及以下3个方面。

1. 优化高校智慧图书馆互联设备服务的跨屏交叉融合情境

目前，高校智慧图书馆的知识服务交互平台正经历初步发展的阶段，其主要依赖传统的微信、QQ、微博等方式进行用户互动。尽管这些传统方式在一定程度上满足了用户需求，但系统化的知识服务平台仍未得到广泛应用。因此亟须加强对用户交互需求的关注，通过采用微营销手段，将微博、微信、微视频等引入高校智慧图书馆的服务体系。为了提升用户对交互平台的激励体验和易用性感知，可以借助先进的技术手段，如红外感应器、激光扫描器、射频识别和全球定位系统等设备，实现图书馆内物品与互联网的高效互联。这一举措可以有效提升用户体验，使其更加愿意积极参与高校智慧图书馆的知识服务互动。在知识服务的领域，易用性和灵敏程度对用户信息行为的感知至关重要。因此，需要不断提升技术水平，以确保系统的高效运行和快速响应。通过硬件和软件的高效反馈机制，图书馆能够全面把握用户的实时信息需求，为其提供更为个性化的服务。为了进一步优化高校智慧图书馆的知识服务互联情境，可以通过开放权限、扩大服务范围和提高情境反应能力等手段，实现高校智慧图书馆的全天候、跨设备、跨区域、跨平台的情境化服务。这样一来，用户能够更加便捷地获取所需的知识资源，提升整体服务体验。

2. 关联高校智慧图书馆信息技术服务的应用情境

高校智慧图书馆的演进方向在于以创新和技术手段为主导，以提升服务的技术基础为核心目标。在这一发展蓝图中，着重加强互联设备技术支持，以实现多终端一体化的呈现方式，包括但不限于智能手机、平板电脑和歌德电子借阅机等终端。此举的主要目标在于确保图书馆功能与用户设备之间能够实现无缝对接，构建一个高度易用、便捷且可用的知识服务互联情境平台。

信息技术情境能够对高校智慧图书馆知识服务延伸起到优化作用，主要表现在以下两个方面。

一方面，能够改变信息的组织方式和存在形式，以提升用户获取图书馆资源的便捷度。通过整合云存储与网盘技术，用户能够实现知识服务在线下和线上的无缝延伸。这种一站式智慧导航的系统能够综合分析用户的需求，给用户提供全面的知识服务。智能检索与匹配服务在此平台上得以实现，通过语义查找，用户能够迅速获取相关信息。为了更好地满足用户需求，交互平台采用实时反馈机制，以不断优化用户体验。在这个系统中，知识可视化服务被引入，通过图表的形式呈现学科之间的关联，使用户更直观地理解知识结构。这一创新的特性不仅丰富了用户的学科体验，而且为用户提供了更深入的学科理解途径，整合了导航、检索和可视化服务，构成了全面的知识服务体系。总体而言，该一站式知识服务系统通过融合云存储和网盘的技术，不仅拓展了用户对知识服务的获取途径，还通过智能化的方式提高了服务的效率，这种整体性的平台不仅满足了用户的多层次需求，同时还为用户提供了更为便捷和深入的学科学习体验。

另一方面，技术情境服务在高校智慧图书馆中具有改变服务方式和服务内容的能力，使知识创造在知识链的获取、组织、开发、运用过程中变得更为重要且可行。知识服务平台在追求用户虚拟化互动目标的过程中，选择采用多媒体形式，通过多样性的表达手段推动用户参与。其中，SoLoMo（Social，社交的；Local，本地的；Mobile，移动的，连起来就是 SoLoMo，社交本地移动，即社交加本地化加移动）服务成为关键要素，通过结合位置和设备信息，为用户提供更丰富的智慧图书馆体验。在这一框架下，多模态融合技术被广泛运用，以更全面的方式整合返回信息，并通过可视化呈现，使用户能够更直观、深入地理解信息。为了进一步提升用户体验，基于增强现实技术的引入成为不可或缺的一环。通过这项技术，平台能够识别实际场景中的对象，将虚拟信息叠加其中，从而强化用户对信息的感知和理解。这种前沿技术的应用，不仅丰富了用户在虚拟环境中的互动体验，而且使知识服务平台在满足用户需求的同时，实现了对信息呈现的革新。这一全方位的技术整合，将学术性与实用性相结合，为用户提供了更为综合和深层次的知识服务。

智慧服务的重要性在于其强调数据处理技术，推动着图书馆从传统的纸质时代向数字化时代的转变。这一技术驱动的变革改变了图书馆服务形式，更是在扩展图书馆服务范围的同时，支持了信息共享和虚拟服务空间的发展。关键在于构建一个知识共享的空间，而这一空间的实现离不开智能终端和数字资源的紧密结合。智慧图书馆作为一个现代化的概念，依赖多项先进技术，其中包括射频识别、物联网、云计算、普适计算和机器人等。这些技术的综合应用不仅提高了智慧图书馆的效率，而且为用户提供了更便捷的服务体验。图书馆服务的演进历程由手工操作逐渐过渡至电脑辅助，最终达到智能化的阶段，这一过程既是技术不断升级的结果，也是服务质量不断优化的体现。智能化的图书馆服务使用户能够更便捷地获取所需信息，同时也为图书馆馆员提供了更为高效的工具。

3. 构建空间结构颠覆性再造的创新型服务情境

在"大众创业，万众创新"浪潮的背景下，图书馆作为关键平台，在构建创新型服务情境中发挥着至关重要的作用。然而，为了更好地履行其职能，图书馆面临着一系列挑战，包括资金不足、管理滞后及对转型问题的关注不足等。要想实现创新服务环境的构建，图书馆必须协调各类资源，使其能够更好地适应新的社会趋势。再造不仅可以提升功能，而且可以实现创新服务，超越传统定义，使图书馆变成多元学术文化中心，促进交流合作。空间再造不只是提升图书馆功能的手段，更是实现创新服务的途径之一。特别是在创客空间的建设方面，图书馆可以通过提供支持创新思维和创业精神的环境，积极促进创新的发展。

图书馆的演进不只是对空间的升级，更是为创客提供了创新的场所。这一转变使用户在图书馆中能够亲身感受到知识如何转化为实际物品，满足了用户不断增长的需求，同时也引领着社会的创新氛围。关键在于对空间进行再造，这需要充分发挥图书馆馆员的知识和技能，提供一个高品质的创新环境，从而成为推动图书馆服务功能拓展的动力。在高校智慧图书馆的建设中，国家需要投入充足的资金，以推动知识服务平台的建设，这涉及优化互联情境，提升知识服务的丰富性，通过创新活动扩大服务受众范围。高校智慧图书馆的发展不只是数字化的过程，更是在技术的驱动下，提供更为便捷、高效的知识服务体验的过程。通过这样的发展，图书馆不仅成了传统的文献存储场所，而且成了一个与时俱进的创新中心，为社会创新注入了新的动力。这种发展趋势需要国家和社会各界的合作，共同推动图书馆成为知识服务的重要平台，促使创新与知识的更深层次融合。

五、知识服务延伸服务情境

（一）服务情境的构成

1. 标准化情境

标准化情境概括了数据服务和信息服务领域的相关要素，为高校智慧图书馆的发展提供了必要的支撑。高校智慧图书馆的知识服务情境在提升用户信息化水平方面发挥着关键作用，为其建立了坚实的信息素养基础。流程标准化是高校智慧图书馆知识服务情境中的一个重要环节，是在深入考虑知识服务平台系统技术特征、知识服务流程和核心要素的基础上提出的。这一标准化过程聚焦于多个关键方面，其中包括服务流程的标准规范、服务平台的稳定性、安全性和用户友好性等。具体而言，关注点主要体现在服务流程的规范性，服务平台的技术基础上的可靠性、安全性和用户体验的友好性。此外，这一过程还关注服务是否能够支持模块化移植，以及平台是否具备支持数据资源整合的能力等。在此基础上，信息检索与分析作为知识服务的关键组成部分，通过对各种异构数据的逻辑分析和处理，为知识服务情境提供可靠的数据支持。

构建高校智慧图书馆的知识服务情境涉及多个关键方面，其中用户时间成本和精力成本是需要全面考虑的因素。在系统设计中，应该着眼于平台拓展性和性能优化，确保用户能够高效、灵活地调度资源。为提升服务水平，图书馆需要不断拓展服务内容，满足用户的个性化需求。同时，图书馆需要注重规范流程、提高容错度，以增进服务稳定性。在数据方面，图书馆需要优化组织结构，强化知识挖掘和资源整合，提高平台可整合性。这对用户体验和服务质量至关重要。优化的关键步骤是确保用户满意度的关键，通过对关键步骤的精心优化，提升用户操作体验，保证服务高质量。

2. 个性化情境

高校智慧图书馆以个性化服务为核心，通过用户与进行互动，满足用户的个性化信息需求，激励用户持续使用服务。服务内容准确匹配用户需求，以安全、有针对性的方式提供有效服务。利用先进技术，分析用户借阅历史、兴趣，实现个性化图书推荐和学术资源定制。强调信息安全和隐私保护，确保用户信任。这种以用户为中心的高校智慧图书馆模式，提高了服务质量，树立了可信赖的形象，能够引领高校智慧图书馆的未来发展。通过强调个性化服务，高校智慧图书馆能够实现深层次互动，满足用户的知识需求，提供安全、准确、有针对性的服务手段，引导用户形成持续使用习惯。

高校智慧图书馆以其卓越的知识服务展现了其特色。在满足用户信息需求的基础上，其独到之处在于深度挖掘个性化需求，通过精心的加工和组织，将信息转化为全新的知识产品。这种独创性的服务不只局限于传递信息，更致力于为用户提供辅助决策和解决实际问题的支持。图书馆不再只是知识的仓库，更是一个智慧的场所，通过满足多层次、个性化的需求，为用户提供更为精准、有针对性的服务。这种基于个性化需求的知识服务，使高校智慧图书馆在如今的信息时代发挥着更为重要的作用。

智慧服务的关键技术在高校智慧图书馆知识服务领域扮演着至关重要的角色。其中，语义分析、用户情境计算和图像 ROI 定位等方面的创新技术日益引起广泛关注。语义分析作为核心技术之一，致力于建立数据与知识之间的有效对应关系。通过深入挖掘文本和语言的含义，语义分析能够使系统更好地理解用户提出的查询请求，从而为高校智慧图书馆的知识服务提供更加精准和有效的支持。用户情境计算则通过模型推理的方式，预测用户的需求并作出相应的响应。这一技术的核心在于从用户的操作行为、历史查询记录及其他相关信息中提取出用户的具体需求，为用户提供更加个性化和智能化的服务体验。在智慧图书馆中，用户情境计算技术的应用可以使用户更加便捷地获取所需信息，提高知识服务的质量和效率。图像 ROI 定位技术在高校智慧图书馆的知识服务中同样发挥着关键作用。该技术通过准确地定位 ROI，有效减少了搜索范围，从而提高了图像识别的精度和速度。在高校智慧图书馆中，通过图像 ROI 定位技术，用户可以更加便捷地检索与图书馆资源相关的图像信息，为知识服务提供了更为强大的支持。

（二）知识服务延伸的服务情境建构

高校智慧图书馆服务的目标在于通过激励性功能的延伸，提升用户体验并激发其兴趣和意愿。为了实现这一目标，顶层设计必须注重激励馆员提升素养。将用户置于服务的核心地位，建立有效的管理和激励机制尤为关键。首要任务是馆员的引导工作，他们需要以积极的态度引导用户持续利用图书馆资源。这需要建立一套自适应良好的系统，以确保用户能够顺畅地获取所需信息，从而优化其使用体验。馆员的素养提升也不可忽视，他们应当具备更高水平的专业技能，更好地满足用户需求。用户的深度参与是图书馆服务成功的关键因素之一。因此，馆员需要采取积极的措施引导新用户，通过专业引导和激励手段培养他们的深度参与。

1. 精准追踪用户个性化动态需求的自适应服务情境

通过物联网设备的广泛应用，数据互联已成为提升服务质量的重要手段。这一技术使馆员能够实时捕捉用户需求，为用户提供更为个性化的知识服务。在这个背景下，物联网为知识服务领域注入了新的活力，不只提供信息，更实现了服务与用户之间的紧密连接。物联网的运用不仅提升了服务质量，同时还推动了知识服务的发展方向。通过物联网，图书馆等知识服务机构能够促进知识的发现与协同创新，增强服务的协调共创性。这一趋势为图书馆等机构提供了更多的机会去适应用户不断变化的需求，进而提高服务的灵活性和适应性。为了更好地满足用户需求，馆员需要优化服务使用和拓展能力，全面追踪用户行为，以缩短用户期望与感知之间的差距，从而提高服务的有效性。通过全面了解和精准预测用户需求，可以实现智慧服务，使用户在使用知识服务的过程中得到更为智能化的支持。为了实现个性化服务，采用柔性策略尤为关键。建立用户行为档案是其中的一项重要手段，通过科学支撑个性化内容推荐，使用户可以更好地获取符合其兴趣和需求的信息。然而，在这一过程中，必须强调保护用户隐私，系统构建完善的防护机制，积极引导用户自主披露信息，以确保在提供个性化服务的同时保护用户的隐私权。这一点对于建立用户信任和推动知识服务的可持续发展至关重要。

高校智慧图书馆服务的核心聚焦在引导用户交互和精准推送上，这是建立在对用户习惯的掌握之上的。通过对用户认知行为的深度预测，保证了资源的动态推送，为用户提供更为个性化的服务。在这一过程中，第三方数据的引入成了解决定点需求和提升反馈时效性的关键因素。为了更好地满足用户的特定需求，馆员可以借助第三方数据的辅助，深入了解用户的定点需求，从而更准确地调整推送内容。这不仅提高了服务的智能性，而且使用户在信息获取上更为高效，最终目标是在拓展智能阅读、学习和社区互动的同时，促进多维度知识资源的交流、共享和创造。高校智慧图书馆馆员致力于帮助用户更好地利用服务功能，优化其在阅读和学习过程中的体验，提高信息资源的有效利用效率。这同时也有助于增强用户的参与意识和忠诚度,进一步提高个性化服务的效能。

2. 发展具有核心竞争力的新型智慧服务专业人才

图书馆要实现向智慧图书馆的发展,需要在宏观战略和微观策略上进行明确的定位和长远规划。

目前,图书馆亟须进行内部业务环节的重组,着重培养馆员的新型专业和服务能力,增强其适应能力和创新能力,从而推动图书馆朝着智慧图书馆的方向快速发展。在馆员培养中,最重要的是加强图书馆馆员的专业服务能力,确保图书馆馆员在为用户提供服务方面具有绝对优势。为了适应新型智慧化服务的迫切需要,图书馆馆员必须持续提高信息素养,灵活运用新的专业工具。

至关重要的一点是要充分挖掘和发挥馆员独特的知识和技能优势,构建一支高度专业化的服务队伍,给用户提供更为卓越的服务体验。这样的人才培养方式将最终确立图书馆具有核心竞争力的专业优势,使其在未来的发展中更具活力和吸引力。

推动图书馆服务升级的关键在于规范人才引进和强化组织学习。当前国内图书馆在"软件"方面存在不足之处,即人员素质和管理水平相对滞后,这正是限制其发展的关键瓶颈。研究表明,人才因素是影响图书馆服务的重要内容,直接主导着服务的广度和深度。为实现图书馆服务的全面升级,首要之务在于加强专业馆员队伍的建设。这不仅需要提升馆员的知识技能水平,还需要着重培养其信息素养,以适应信息时代的快速发展。创新服务方式和技术也是升级服务的关键举措之一,必须不断引入新的思维和技术手段,提高服务的质量和效率。改变图书馆人才结构的不合理性需要从以下三个方面入手:首先,引进具有高水平专业素养和创新思维的人才是至关重要的一步。其次,组织学习应当成为图书馆人才培养的基石,通过建立系统的学习机制,不断更新馆员的知识体系和服务理念。最后,科学合理的激励机制也是优化人才队伍结构的必要手段,通过激励表现优异的馆员,推动整个团队的发展。

3. 构建激励推进型的开放式创新管理机制

高校智慧图书馆用户感知激励的核心在于优化资源整合、情境整合,突出服务流程标准化和内容个性化。高校智慧图书馆需要深入研究知识服务的功能属性，结合用户的个性化需求，将平台功能与服务情境充分融合，实现管理激励的优化和平台的创新再开发，构建有益的服务局面。在此过程中，管理激励的内容应涵盖两个方面：一是对专业图书馆馆员的激励，二是在平台使用过程中对用户的激励。

  管理的核心趋势在于从资源导向向服务导向的转变，其中人才的有效管理成为关键焦点。在人才管理的范畴中，最为重要的任务之一是激励人才，激活和充分利用人力资源被认为是当务之急。特别是在高校智慧图书馆的知识服务领域，创新性地激活人才要素至关重要。在构建高校智慧图书馆的人才队伍时，必须进行合理的配置，并建立相应的激励机制，着重关注个体和整体团队的协调发展。这样的管理方法有助于发挥每位成员的潜力，推动团队协同工作，进而提高整体绩效水平。对于高校智慧图书馆而言，有效地激活和利用人才，是确保知识服务卓越执行的基石。在考虑用户信息行为时，必须根据不同的信息需求属性、偏好和服务阶段进行精准的配置。这种个性化的处理方式有助于更好地满足用户的需求，提升用户体验，并最终加强图书馆服务的影响力。高校智慧图书馆馆员需要深入研究用户的信息行为，更好地理解他们的期望和需求，从而有针对性地提供服务，实现高效的知识传递和共享。因此，高校智慧图书馆知识服务情境设计需要深思熟虑，以满足用户的信息需求、信息偏好。

  对用户使用平台的激励在高校智慧图书馆中主要体现在互联情境和资源情境两个关键方面。在互联环境中，高校智慧图书馆应当致力于全面提升平台技术和设备的可用性，将强调易用性作为关键因素。为实现这一目标，首要任务是关注不同的用户类型，特别注重优化知识服务情境平台的媒体介质、终端系统的易用性，有效地优化信息资源的采集和加工过程，提高个性化适配能力。这一努力的目标是通过按需分配和定向推送来满足用户需求，从而提升整体的互动体验。在激励方面，高校智慧图书馆还需要整合互联情境的易用性和资源情境的有用性，通过实施服务内容的个性化和服务流程的标准化，实现对知识服务的优化与提升，将用户体验置于核心位置，提高知识服务情境的适配性和激励机能。这一过程中，重要的手段是将互联情境的易用性与资源情境的有用性相协调，以确保知识服务得到最佳的效果。

第三节　创新理念下高校智慧图书馆的知识服务模式构建

一、"重点读者"服务模式创新

（一）个性化服务"重点读者"的缘起

1. 确立条件，选定对象

图书馆将特别关注一系列"重点读者"的条件，这些条件紧密关联着学校的学科、专业、实验室和精品课程的建设。首先，图书馆将优先考虑那些负责学校重点学科、专业、实验室和精品课程建设的人员。其次，对于那些已经在省部级层面取得科研成果并继续承担省部级以上重要科研课题的人员，图书馆也将给予特殊关注。再次，图书馆会格外关注那些具有博士学位或取得硕士以上导师资格的个体。最后，图书馆将特别重视那些在中青年阶段已经取得突出贡献的专家及拥有杰出才华的个体。

图书馆在深入了解学科、课程、课题及导师信息的基础上，通过与教务、人事、科研等部门的联系，建立了系统的信息网络。在获得相关部门的认可后，图书馆精心构建了"重点读者"服务对象。为了更有效地管理这一服务对象，图书馆采用了电子服务卡的方式，详细记录学科、专业、课题、需求等重要信息，甚至包括个人信息。这一信息系统具有高度的动态管理性质，定期更新"重点读者"名单，以确保其时效性和针对性。这种精细的管理机制使图书馆能够更好地满足"重点读者"的个性化需求，为其提供更精准的服务。通过这一系统性的工作流程，图书馆能够更全面地了解和服务于学科和专业领域的需求，从而更好地发挥其作为学术资源中心的作用。

2. 项目管理，定向服务

建立"重点读者"服务项目卡是为了更精准、高效地满足这一群体的知识需求。对于已经建档的"重点读者"，图书馆将发放"绿色"借书证，这是一项特殊的服务准入标识。持有绿色借书证的读者将享有特权，所有服务部门将为他们敞开大门，允许其自由进入主、辅书库及样书、报刊和阅览室等区域。

在图书馆服务的不断升级中，借阅权利得以显著扩大，使每位读者的可借书册数由之前的 10 册增至 30 册，借书期限也延长至 6 个月，且可以根据需要进行延期。这一变革为广大读者提供了更加丰富的学术资源，使其能够更充分地利用图书馆的丰富藏书，深化对各个领域知识的掌握。在采编部门的创新服务中，引入了"时间差"服务机制，专门为"重点读者"提供新书的短期借阅服务。通过巧妙的时间管理，这项服务确保了"重点读者"能够及时获取最新出版的重要图书，满足他们对前沿知识的需求。这一服务机制的实施不仅提高了图书馆的服务质量，而且更好地满足了不同读者群体的需求。与此同时，图书馆积极保持与"重点读者"的密切联系，不断了解他们所从事学科的发展动向及课题研究的进展。通过与读者建立良好的沟通渠道，图书馆能够更加精准地了解其阶段性的文献需求，进而提供更为有针对性、准确和及时的定向服务。这种紧密的互动不仅有助于满足读者个性化的知识需求，而且促进了图书馆与读者之间的紧密合作。图书馆的服务体系的升级，不仅拓展了读者的学术资源获取渠道，而且通过创新的服务机制和密切的读者关系管理，确保了服务的有效性和贴近性。这一系列的改进举措为支持读者的教学、科研和生产任务提供了有力保障，使图书馆成为学术研究的重要支持平台。

3. 信息资源，共建共享

为了最大限度地发挥馆藏的效益，当前图书馆服务的关键方向之一是持续充实、强化和完善与"重点读者"需求相关的文献资料收藏。这些"重点读者"长期处于教学、科研、生产第一线，对本专业、本学科的前沿学术动态了如指掌。鉴于他们广泛而深入的需求，图书馆在文献采购上采取巧妙而灵活的策略。

通过图书馆与"重点读者"之间的合作，文献采购得以优化，从而提升了采购的整体质量。这种合作不只表现在"重点读者"参与文献采购，更表现在他们在提供文献目录、划拨经费代购及将所购文献纳入馆藏等方面发挥的积极作用。在文献经费的分配上，图书馆实行了一种倾斜的政策，即优先支持"重点读者"所提出的采购需求。这一举措明确了图书馆在满足读者需求方面的重要取向。图书馆的采购策略侧重于引入国内外权威的专业论著和期刊，同时也积极引入各种多样的信息产品，包括但不限于光盘文献和学位论文数据库等。这样的多元化采购策略旨在满足"重点读者"在知识获取上的多样性需求，使图书馆的文献资源更加丰富和全面。这一合作策略不仅使图书馆与"重点读者"之间建立了更加紧密的联系，促进了彼此之间的和谐交流，而且更重要的是实现了信息资源的共建共享。通过让"重点读者"参与文献采购，图书馆能够更加准确地把握用户需求，为读者提供更为个性化的服务。

（二）个性化服务"重点读者"的途径

1. 馆际互借，中介服务

信息资源的网络化趋势在促进馆际互借服务的快速发展方面起到了重要的推动作用。对于"重点读者"的特定需求，图书馆可以通过向馆际互借服务中心（如北京大学、清华大学等）发送电子邮件来提出请求。在请求中，明确表达所需书刊或其他文献的题名、主题、关键词和作者等重要信息。随后，通过邮寄或电子邮件的方式获取所需资料，并最终通过上门或电子邮件的形式将文献传递给"重点读者"。

2. 电子邮件，推送服务

通过主动沟通的方式，图书馆为"重点读者"提供精准的文献信息服务。采用电子邮件等渠道，及时推送新到馆的中、外文献和专业核心期刊目录及最新的学科动态。为了满足"重点读者"对特定期刊的需求，图书馆还提供期刊目次和期刊全文传递服务，通过电子邮件或纸质递送的方式，将原文直接送到他们手中。同时，图书馆充分利用数字资源，通过定向推送的方式，将与重点读者关注领域相关的文献信息精准地呈现出来。这样，不仅确保了信息的及时性，还能够提供更加个性化的服务，满足"重点读者"的具体需求。这一全面而细致的文献服务体系，旨在为学术研究提供有力支持，为"重点读者"提供便捷而高效的信息获取途径。

3. 信息检索，代理服务

当前网络环境下，信息量庞大，为了高效获取理想的资料，"重点读者"通常需要依赖图书馆专业人员的协助，才能在信息海洋中迅速定位所需信息，从而有效节省时间和精力。这一协助不仅在于专业人员对检索工具的熟练运用，更涉及他们深厚的信息储备和独到的检索技巧。因此，为了更便捷地满足"重点读者"的信息需求,他们可以依托图书馆专业人员的专业素养,委托其代理检索相关信息,从而更迅速、精准地获取所需资料。

二、移动服务模式创新

(一)图书馆开展移动化服务的方式

在移动互联网技术的带动下,图书馆基于移动互联网已经开展了多种服务,主要包括以下3种方式。

1. 以手机短信的方式

2003年,北京理工大学图书馆和上海市图书馆率先引入了移动服务,开创了图书馆数字化服务的新纪元。通过手机短信与图书馆自动化系统的紧密对接,用户可以方便地进行图书查询、预约等操作,显著提升了服务效率。手机短信使用户不再受制于传统的图书目录,使信息检索突破了时空的限制。这一举措成功地将自动化技术融入服务流程,实现了资源的智能化管理和个性化服务。移动服务的成功实施在国内引起关注,为其他图书馆提供了现代化升级的先行经验,推动了整个图书馆服务体系的创新与发展。

2. 服务移动软件开发

图书馆致力于满足用户需求,通过移动应用和智能机器人等手段构建新型信息服务。许多App在手机平台上涌现,除了图书检索,还提供馆内活动实时更新等功能。清华大学等高校引入智能机器人"小图"提供更智能的服务,包括准确地回答问题、提供详尽的图书信息和馆内导航等。这种融合技术的服务手段使图书馆成为信息互动的智能空间。服务创新突破了时空的限制,用户可以随时随地获取信息。

3. 将服务嵌入手机中的第三方应用

图书馆通过微信公众号成功缩短了与用户的距离,内嵌宣传推广和馆藏咨询等服务,灵活调整服务方式以满足移动互联网时代用户的需求。微信公众号成为图书馆开展移动化服务的核心平台,提供便捷的信息获取途径,通过广泛传播将最新动态和资源信息推送至用户。图书馆通过微信公众等平台将服务延伸至虚拟空间,更贴近用户需求,给用户提供个性化、多样化的服务体验。这种灵活性使图书馆更主动地适应信息社会的发展趋势,为用户创造了更便捷和个性化的数字化服务体验。

(二)移动环境下高校智慧图书馆用户信息需求

1. 移动环境下大学生的信息需求

高校智慧图书馆的主要用户群体是大学生,特别是被称为"Google 代"或"Y 一代"的"00 后"学生。这一代学生在通信、计算机和网络的环境中成长,手机、电脑和网络已经深刻融入他们的日常生活。随着 4G 和 WLAN(无线局域网)的普及,大学生对手机的依赖度逐渐增加,成为他们学习和生活不可或缺的工具。全球化的移动网络发展对大学生的生活产生了深远的影响,5G 的推广将进一步加强这种依赖。大学生在移动环境中表现出新的信息需求特点,主要涵盖学业、就业和休闲等方面。这一群体具有全天候的信息需求,强调随时随地获取相关信息的重要性,涵盖对图书馆文献和数据库的查询、借阅信息的查询,文献的预约、续借和挂失等方面。在移动环境下,他们对时效性信息的需求更为迫切。智能手机和平板电脑之间的界限逐渐模糊,这也影响了大学生在移动环境下的信息需求特点。他们通过移动网络主动获取信息,包括通过微博、微信等平台浏览推送信息。移动网络不仅使大学生更容易被动地接收信息,还有助于挖掘其隐性的信息需求。这一过程促使学生的隐性需求转变为明确的信息需求,推动其展开一系列信息行为。

2. 移动环境下高校教师的信息需求

当谈及现代大学教师时,不再局限于其传统的知识传授角色,而是更加强调其在教学中融合理论与实践的能力。目前,教师不仅是知识的传递者,还是实践的引导者,致力于培养学生的综合能力。在这个时代,信息需求已经发生了根本性的变化。学生对信息的需求不再仅限于学科专业知识,还包括实践技能和时事动态。教师面临的任务是满足学生对多元化信息的主动化需求,激发他们的学习兴趣。这意味着教师不仅需要深入了解学科知识,还需要不断更新实践经验,并紧跟时事发展。随着移动网络的普及,教师的信息需求也呈现出全时性和即时性的特点。他们期望能够随时随地获取最新的学科动态,以保持对知识的敏感度和前瞻性,这对于教学而言是一项重要的挑战,同时也为教师提供了更广阔的学术发展空间。高校智慧图书馆在这一背景下发挥了重要作用。其移动服务不仅满足了教师在任何时间、地点获取信息的需求,还为教师提供了全新的图书馆服务体验。通过数字化资源和在线检索系统,教师能够更便捷地获取所需的学术文献和最新研究成果,从而更好地支持他们的教学和研究工作。

(三)移动服务模式的嬗变

1. 短信服务模式

高校智慧图书馆在早期普遍采用低门槛、低成本的短信服务,为读者提供查询个人借阅、图书预约、续借、OPAC 检索等服务。然而,短信服务因信息承载能力受限,难以处理大规模数据。为解决这一问题,高校智慧图书馆转向更先进的信息技术,包括基于云计算的图书馆管理系统和移动应用程序。这种演进不仅提高了信息服务的效率和质量,而且为读者创造了更灵活、全面的图书馆体验。通过引入多元化的技术手段,高校智慧图书馆致力于适应时代变革,不断提升服务水平,满足广大读者对信息获取的多样化需求。

2. WAP 网络服务模式

WAP 作为一项全球性开放协议,为移动网络提供了普遍的标准。其核心功能在于将 HIML(Hyper Text Markup Language,超文本标记语言)信息转换成 WML(Wireless Markup Language,无线置标语言)信息,为高校智慧图书馆移动信息服务提供了主流服务。目前,WAP 网站在该领域占据主导地位,充分利用 4G 技术,更好地展示了馆藏资源。通过采用 WAP 网站,图书馆成功实现了友好且人性化地传递信息。馆方得以发布公告、新闻和书刊推荐等信息,同时支持用户进行在线资源检索,为用户提供了便捷的移动阅读服务。这一技术手段为图书馆与用户之间的信息沟通提供了全新的维度,使用户能够更加方便地获取馆内资源,同时也促进了图书馆信息服务的现代化与智能化。

3. 客户端 App 服务模式

移动终端上运行的关键软件,即客户端 App,在当前移动网络发展中扮演着至关重要的角色。随着 5G、Web2.0 和智能手机的广泛普及,客户端 App 成了业界关注的焦点。相较于传统的 WAP 方式,客户端 App 具有操作简便、内容丰富和功能强大等优势,使其在移动应用领域脱颖而出。高校智慧图书馆客户端 App 作为移动信息服务的先锋之一,以改善用户体验为目标。通过引入 5G 等高速网络技术,这些 App 得以迅速发展,并为用户提供更加高效的服务。这种先进的移动信息服务不仅在校园内得到广泛应用,而且在整个移动网络生态系统中也占据了重要地位。客户端 App 的成功运行和发展,不只是技术发展的结果,更是社会需求和用户体验共同驱动的结果。其在高校智慧图书馆中的应用，不仅提升了学术信息的获取效率，而且促进了移动信息服务的创新和发展。

4. 微信公众平台服务模式

尽管客户端 App 在许多方面表现出许多优势，但其庞大的研发工作量和高昂的投入使许多财力有限的高校智慧图书馆望而却步，尤其是在需要适配不同移动终端操作系统的情况下。因此，高校智慧图书馆在面对客户端 App 研发和投入的问题时，纷纷将目光投向微信公众平台，将其视为一项创新选择。微信是一款免费的通信软件，通过其公众平台，高校智慧图书馆能够轻松实现群发消息和提供定制的移动信息服务，为用户提供更为便捷的服务体验。在这一创新选择的实施过程中，高校智慧图书馆可以充分利用微信公众平台提供的 API（Application Programming Interface，应用程序编程接口）接口技术，进行二次开发，以提供更为快捷、全面、丰富的服务。例如，清华大学图书馆充分运用微信公众号，定期推送"清图微报"，支持用户查询图书馆信息，实现了实时互动的效果。在服务内容方面，微信公众平台提供了丰富多样的功能，包括图书查询、推荐、续借、讲座通知及实时咨询等，为高校智慧图书馆提供了广泛的选择空间，以更好地满足用户多元化的需求。

5. 移动信息服务云平台模式

在移动互联网时代，高校智慧图书馆应建设国家级共享移动资源云平台，以满足用户对信息和个性化服务的需求。首先，该平台需要整合各高校智慧图书馆的数字化资源，实现高效共享，避免重复采集。其次，该平台需要引入智能算法和数据挖掘技术，支持个性化服务，根据用户的学科背景和兴趣推送定制资源，提升用户体验。最后，该平台需要通过打破地域限制，利用云平台构建虚拟"地球村"，使用户能够随时通过移动终端访问各高校的图书馆资源，促进全国学术交流和合作。建立国家级共享移动资源云平台是高校智慧图书馆发展的趋势，有助于适应移动互联网时代，提供更便捷、丰富的学术资源服务。这样，各高校智慧图书馆可以共同使用移动数字云资源库，为用户提供按需的全天候移动服务。高校智慧图书馆通过云内容可以灵活满足用户的需求，提供更多个性化的服务。目前，高等教育文献保障系统的 e 读平台已初步实现了上述功能，为构建共享的移动信息服务提供了有力的基础。

美国国家标准与技术研究院根据用户云服务体验将云服务划分为软件即服务（SaaS）、平台即服务（PaaS）和基础设施即服务（IaaS）三种模式。高校图书馆在构建云服务平台时，可以根据本馆的用户类型、规模和需求，有针对性地选择或融合云服务模式，以打造独特的个性化云服务平台。在移动环境中，通过有效实施云内容和服务模式，高校智慧图书馆能够实现电子借阅等移动信息服务，更好地满足用户需求。因此，基于美国国家标准与技术研究院的分类，高校智慧图书馆可以通过定制云服务平台，充分发挥移动互联网的优势，提供符合本馆特色的服务。

（四）移动服务创新

1. 移动借阅服务

移动阅读已超越传统纸质和电脑阅读，在阅读市场产生了深远影响。高校智慧图书馆应充分利用阅读资源，构建独特的保障体系，着力发展移动借阅服务，以满足用户的移动阅读需求。首先，图书馆应建设完备的数字化阅读资源体系，包括电子书、学术期刊等，提供更便捷的获取途径，并通过智能化技术提升用户体验。其次，重点发展移动借阅服务，搭建高效平台支持用户随时随地借阅数字图书，强化与出版社、数字图书馆的合作，引入先进的借阅管理系统，确保高效便捷的借阅流程。

2. 视频教育服务

随着网络的不断发展和移动终端的普及，观看在线视频的体验得到了显著改善，特别是随着智能手机性能的不断提升和移动视频客户端的优化，用户在手机上观看在线视频能够享受到卓越的视听体验。在这个变革的过程中，高校智慧图书馆成为视频教育的重要来源和内容提供者，拥有绝对的优势。高校智慧图书馆积极整合和管理丰富的视频教育资源，为学生和教职员工提供了广泛而深入的学习内容。5G网络的广泛推广进一步保障了高校教育视频的实时发布，使学术信息能够以更加迅速、及时的方式传递给广大师生。

3. 移动社交网络服务

社交网络服务（SNS）在移动互联网中广泛普及，成为其中最为流行的应用之一。对于高校智慧图书馆的用户而言，SNS不仅是交流日常信息的平台，还是其主要的沟通渠道。在这个数字化时代，学术成果通过社交网络和开放获取平台得以快速传播，为推动替代计量学等学术影响力评价理论的兴起提供了坚实基础。在这一背景下,高校智慧图书馆的移动服务尤为重要。这需要整合 SoLoMo 应用,以提供更加全面的服务。其中,特别需要强调的是整合社交网络入口,以满足用户对学术信息的不断增长的需求。高校智慧图书馆应当充分认识到,这不只是为了满足用户的需求,更是为了推动学术交流的进一步发展。

第五章 高校智慧图书馆学科化服务创新

本章主要介绍了四个方面的内容，分别是高校智慧图书馆基础学科化服务模式、高校智慧图书馆学科化服务平台的构建、高校智慧图书馆学科化服务的建设与模式创新、高校智慧图书馆学科化服务的发展趋势——泛在图书馆。

第一节 高校智慧图书馆基础学科化服务模式

一、基于服务形式的学科化服务

从服务形式来看，高校智慧图书馆学科化服务包括以下六种。

（一）学科馆员服务

1. 学科馆员—图情教授式（"图情"全称为"图书、情报与档案管理"）

学科馆员—图情教授服务旨在建立一种高效而专业的合作机制，通过选用具备深厚学科专业背景的馆员，与图情教授密切协作，以满足学科发展的动态需求和文献获取的具体要求。这一服务模式的关键在于学科馆员与图情教授之间的定期交流与协商。在这个服务框架下，学科馆员的首要任务是提供及时、精准的学科发展动态信息。为此，馆员需要紧密关注学科领域内的最新研究成果、前沿技术和学术趋势。通过与图情教授的定期会议，馆员能够更全面地了解教授的研究方向和需求，从而精准地筛选并提供相关的文献资源。与此同时，学科馆员也在文献资源的采购过程中扮演着关键角色。图书馆在购置新的文献资源之前，将充分征求图情教授的意见。例如，清华大学图书馆为与学科馆员的职责相适，拟定了图情教授的工作职责，主要包括以下3方面。

（1）在资源建设方面

应该深入了解相关学科的文献资源建设和馆藏调整方向，并提出明晰的参考意见。为此，需积极推动图书馆与各院系展开合作，共同购买文献信息资源，同时推荐并评价优秀文献资源，对重要资源提出专业意见，或引荐其他专家进行深入评价。

（2）在建议与反馈方面

有必要为图书馆的发展提供建议和策略，同时及时收集并反馈教师对图书馆的意见与建议，以促进图书馆服务质量的不断提升。

（3）指导学科服务方面

图书馆应主动提供关于需要信息服务的重大课题和研究方向的信息。同时，与学科馆员保持紧密联系，为学科化服务提供指导意见，以确保图书馆服务与学科研究的深度结合，满足用户需求。

在这一模式下，学科馆员与图情教授之间形成了一种协作关系，其中学科馆员起主导作用，而图情教授为辅助。二者相互合作、相互协调，共同在图书馆与院系之间建立起一座桥梁，为对口院系的师生提供高质量的教学和科研服务。该模式的优势在于有利于图书馆与院系的沟通，能够弥补学科馆员专业方面的缺失；而不足之处是由于图情教授工作繁忙，往往不能投入足够的精力和时间协助学科馆员的工作。

2. 挂靠集中式

该模式是为了满足不同院系的需求，特意安排拥有不同专业背景的学科馆员，负责相应学科领域的全方位服务。以南开大学为例，南开大学图书馆在2002年10月引入了学科馆员制度，聘任专业资深馆员，旨在为不同院系提供全方位服务，构建信息沟通的桥梁。学科馆员的主要任务包括与对口院系进行信息交流，并为教师及研究生提供服务。该制度设定了初、中、高3级目标，涵盖了资源调查、培训、定题服务等多个方面。目前，有9位学科馆员负责服务20个院系，这一体系属于参考咨询部，专门提供科技查新、文献传递等服务。通过创新发展，学科馆员体系由原来的被动服务逐渐转变为主动服务，实现了高水平、深层次、主动性的研究型信息咨询服务。这种改革不仅提升了图书馆的服务水平，还加强了图书馆与各个院系之间的紧密联系。

3. 兼职分散式

兼职分散式服务是一项创新的图书馆服务模式。该模式将学科馆员以兼职形式分散置于不同部门，包括编目、流通、信息服务和信息技术等领域，主要服务对象是教师和研究生。独特之处在于通过选择拥有不同专业背景的学科馆员，实现一对一或一对多的服务模式，使其灵活地为特定院系提供全方位的学科服务。这一模式的实施旨在更贴近用户的学科需求，提升用户的服务体验。该模式的成功实施不仅丰富了图书馆服务形式，还为各高校提供了可借鉴的经验，为构建高效的学科服务体系提供了有益的参考。这一创新模式推动了图书馆服务的深度和广度，为满足用户信息需求提供了更为灵活和个性化的解决方案。

该模式下，学科馆员的工作包括与学院保持联系、了解教师的需要和研究课题、熟悉图书馆的馆藏，包括书籍、参考书籍和资料库；为各部门举办读者教育和培训研讨会；推广新的文献和资料资源，协助编制、宣传资料；提供咨询服务；定期提供资料和咨询。该模式采用松散管理制，通过系统培训、学习和工作总结的方式展开经验交流。这种综合性的职责分工和管理模式有助于促进学科馆员的协同工作和专业发展。

这一服务模式的优势在于其雇佣了一支专业且经验丰富的学科馆员团队，以提供全面的学科服务。这种人才组合使图书馆能够更好地满足用户的学术需求。然而，这一模式也存在一些不足之处，其中之一是由于馆员需要同时兼顾各个部门的工作，他们很难专注于提供学科服务。这导致了分散的管理结构，难以进行系统的培训，同时也制约了经验交流的深度与广度。与此同时，由于服务团队的联系相对松散，馆员难以融入院系的教学和科研活动。这种难以融入的状态使得馆员在与院系的协作中面临一系列挑战，包括工作的协调性较差，对其学科服务能力的信任度较低。

4. 专职分散式

专职分散式是一种机制，旨在设立专职学科馆员，并将他们分散安排在图书馆的不同业务部门，更倾向于在学科分馆内实施。实际上，学科分馆的馆员不仅参与日常的例行工作，还积极参与深化分馆服务。通过在分馆设立专职学科馆员，实现了学科馆员与各院系更加密切的联系，便于有针对性地为不同院系、学科提供服务和开展相关工作。

北京师范大学图书馆自 2003 年开始实施学科馆员制度,通过不断的探索和实践,形成了一种独特的分馆馆员与专职学科职员相结合的工作模式。在这一模式下,学科馆员的职责包括全面负责学科资料室的资源建设、服务和管理。此外,他们还积极与部门主管和学科负责人保持联系,了解学科的最新发展、最新动态和资源出版情况,及时与图书馆总部沟通,逐步建立起较为完善的学科信息资源体系。学科馆员还负责了解图书馆资源和服务的最新动态,定期向教师介绍图书馆和服务,以创新的方式为师生提供周到、完善的服务,主动为各院系师生提供免费资源,承担本学科师资培训的任务。为满足不同需求,学科馆员开展多层次、多样化的用户培训和用户教育,充分发挥网络优势,建立分馆和学科资料室网站,搭建与学科师生互动的平台。这一工作模式旨在更好地满足学科需求,促进学科教研的有机融合,为师生提供高效便捷的图书馆服务。

(二)学科知识库服务

学科知识库是基于计算机技术,以本领域经验丰富的专家、纸质文献、数据库数据和网络信息为主要知识来源,对特定学科专题知识进行表达、存储和管理的系统。知识库是为解决特定领域问题而设计的,是一个基于知识处理的应用系统。学科知识库通过提供直接满足用户需求的具体知识,节省用户的时间,提高知识的针对性和利用效率。学科专题知识库的建立对知识的有序化具有显著的促进作用,它不仅有助于学科知识的共享与交流,同时还支持知识使用者之间的协作与沟通。除此之外,这种知识库为图书馆提供了有效管理用户知识的手段,推动服务模式由传统的被动服务向更为网络化、个性化和自助式的服务方式过渡。这一转变实现了以用户为中心、满足用户知识需求的服务模式,为图书馆在信息时代更好地适应用户需求、提供更高效的服务奠定了基础。

学科知识库以 FAQ(frequently asked question,常见问题解答)问答的形式为主,在建设时常考虑以下 2 点。

1. 合理分类,层次清晰

科学合理地将 FAQ 问题按照不同的学科主题进行分类,不仅有助于用户通过分类浏览快速找到所需资料,同时还有助于用户从整体角度认识图书馆的学科化服务工作。FAQ 问题的分类应以用户使用的便利性为出发点,可采用以学科大类为基础的分类方式，进一步细分成一般问题、学科资料查找、学术资源信息门户、常用学科名词术语等类别。在这些大类下，可以进一步划分若干小类，如在学科资料查找中，可以包括图书、期刊、学位论文、专利标准等。这种层次清晰的分类方式使 FAQ 问题的组织结构更为明了，用户可以更方便地进行查找，提升了整体服务的可用性。

2. 提供浏览和检索相结合的查询方式

FAQ 库的蓬勃增长，使通过浏览查询问题的过程变得异常烦琐。为了应对这一挑战，有学者提出了一种创新性的解决方案，即采用浏览和检索相结合的方式。通过引入多种检索途径，包括分类、关键词等，显著地提高了学科咨询服务的效率，同时实现了图书馆资源更为经济的利用。

这一新型的浏览与检索相结合的方式不仅使用户能够更方便地获取所需信息，还为学科服务赋予了更为突出的特色。在这一服务模式中，FAQ 库不再是简单的问题回答集合，而是真正体现了学科服务的深度和广度。专业学科馆员的介入不仅确保了 FAQ 库中信息的准确性，还进一步加强了其学科性质，使其成为一个精准而全面的学科知识库。

（三）学科知识推送服务

学科知识推送作为个性化信息服务的主要形式，通过学科分类和用户提供的检索条件，利用信息推送技术将信息自动传递给用户，实现了信息的精准匹配。该服务模式旨在通过积极了解用户的知识结构和需求，为高校信息用户打造个性化服务环境，以实现"信息找人"的理念。为了更好地达到这一目标，图书馆应当采用个性化、人本化和主动的方式，根据用户的专业特征提供定向服务。其中包括建立个人信息系统，通过该系统收集用户的个性化信息，以更好地了解其需求和学科背景。同时，图书馆还应该充分利用数字资源，运用先进的搜索技术整理文献，确保用户能够迅速、准确地获取所需信息。为了增强服务的实时性和针对性，图书馆可以通过虚拟咨询平台实现信息推送。这些平台包括电子邮件、在线表单和即时通信工具，使图书馆能够向用户提供及时或非实时的信息服务。通过这种方式，最新的前沿信息和针对性的信息能够及时传递给学科带头人，确保他们始终保持对领域内最新动态的了解。这一举措有助于保持信息的及时性，同时提高了服务的效率和用户满意度。

(四)学科信息导航服务

学科信息导航服务旨在满足重点学科用户的信息需求,由学科馆员以学科为主题进行互联网资源的搜集、分类、描述、组织和有序化。这种服务涵盖了各种国内外学术信息、科研动态及综述信息,主要搜集专业网站、报纸和被 SCI、EI 等核心期刊收录的资源。通过建立全面、多层次、有序的信息资源导航系统,并将其连接至图书馆网站主页。学科信息导航服务旨在使重点学科用户能够在网络上迅速、准确地找到所需的文献信息。

目前,国内外有许多图书馆将网络信息资源进行选择、整理、组织而为用户提供网络学科导航服务。网络学科导航服务主要有三种形式:学科信息资源动态报道、学科常用资源导航和专业学科资源导航数据库。

全面的学科信息导航在不断演进中注重多样性,其核心在于提供丰富而全面的导航库类型,以满足用户的集成化和个性化需求。重要的学科导航库以专业需求为基础,包括但不限于学术动态、知识要闻、会议资料、研究成果、学位论文等,这些服务内容广泛涵盖各个学科领域。为了更好地满足用户的个性需求,导航方式强调自由定制功能,包括分类、关键词、收藏记录、检索历史及评论等。用户可以根据个人喜好和研究方向进行灵活的设置,使得导航系统更加贴合用户的需求,提供更为精准和有针对性的信息。

(五)学科信息共享空间服务

信息共享空间是 20 世纪 90 年代在欧美大学图书馆兴起的一种创新服务模式。它构建了一个经过特殊设计的一站式服务中心和协同学习环境,旨在将高校智慧图书馆紧密融入教学与研究的全过程。通过提供互联网、功能完善的电脑软硬件设施及丰富的知识资源库,信息共享空间为用户提供了更为便利和综合的服务体验。

学科信息共享空间的构建以用户需求为中心,其目标在于整合丰富的图书馆资源,以打造理想的学习、教育和研究环境。为实现这一目标,图书馆可以采用创新的服务模式,将学科馆员服务有机融入学术过程,以解决用户在学科领域遇到的问题。在这一共享空间中,学科馆员被视为核心力量,他们具备深厚的学科专业知识和对图书馆运作的熟练掌握。基于这一理念,图书馆在学科信息共享空间中引入了 SIC,这是一个具有广泛功能的平台。SIC 不仅提供了专业数据库,还包括学科介绍、动态信息、课堂服务、博客、咨询、定题和知识挖掘等多项服务。这一全面集成的服务体系旨在为用户提供专业且个性化的学科信息服务。

通过SIC平台，学科馆员得以更加紧密地融入高校用户的学术过程，充分发挥其专业能力，通过提供专业、个性化、全面集成的学科信息服务，满足用户在学术研究中的各种需求。

（六）学科信息门户服务

学科信息门户是近年来随着网络的发展而兴起的一种专注于学科化服务的模式。该学科信息门户通过整合分散在不同信息源的内容，运用统一检索、数据收割和推送服务等技术手段，将特定学科领域的信息资源、工具和服务有机地整合在一起。学科信息门户按学科和专业分类进行整理，提供了全面的学科资源信息。本质上，学科信息门户是用户访问特定学科资源与服务的通道，不仅为用户提供了方便的信息检索和服务入口，而且还为用户提供了全面了解相关学科信息概况的机会，使其能够把握学科研究的趋势与动态。与此同时，学科信息门户不只是信息的呈现，更是学科馆员与用户之间沟通的重要桥梁。用户通过这一平台得以享受到学科化的信息服务，而学科馆员则能够借助该平台为用户提供更为专业的支持与服务。

作为一项信息服务平台，该平台充分运用先进的信息技术手段和方法，系统地整合大量信息资源，致力于构建一个便捷的、集中的信息系统，旨在有效解决用户对学术信息资源的需求。其主要目标是提高用户在资源查找和利用方面的效率，满足用户在科研和教育等领域的广泛信息需求。这一平台的发展是网络指南、学科导航和信息资源指引库等服务模式的进一步演进，标志着信息服务体系更为智能、高效的发展阶段。

虽然学科信息门户在实际应用中存在一些理论技术落后的问题，关键技术还有待提高，但随着学科信息门户概念的广泛推广和关键技术的深入研究和广泛应用，下一代学科信息门户将成为专业数字图书馆共建共享的首选模式。

二、基于组织方式的学科化服务

基于组织方式的学科化服务主要有学科分馆服务、协同式学科化服务和团队式服务三种。

（一）学科分馆服务

在欧美大学图书馆的组织架构中，学科分院制是一种普遍采用的模式。具体而言，每个分院都建设有专门的学科图书馆，这些学科图书馆通过学科分馆的主页紧密连接，形成了一个有机的学科资源网络。这一系统通过构建目录式资源体系，旨在为用户提供更为精准的学科资源导引和导航服务。学科分馆的方式带来了多方面的优势。首先，它有助于准确把握读者的需求，通过深入了解不同学科的特点，优化文献购置，实现最大化的资金效益。其次，学科分馆按专业集中馆藏，使读者能够更加方便地检索、阅览和利用相关文献资源，提高了信息获取的效率。再次，学科分馆的设置也促进了馆员、读者和馆藏之间的紧密沟通，为大家提供了主动、深入了解学科历史、现状和发展的途径。这种沟通机制有助于馆员更好地参与专业学术会议，从而获取各类最新的文献资源，为学科教学与研究提供更全面的支持。最后，学科分馆的开放性设计使其成为全体师生的共享资源，从而提高了信息资源的利用率。这一体系为馆员提供了更广泛的参与机会，使他们能够更好地服务于学科教学与研究，推动知识的传播和创新。

"学科分馆–学科馆员"组合模式下学科馆员的工作职责是信息收集与整理。学科信息服务的有效开展离不开系统性的信息收集与整理。首要任务是定期收集、整理、分析本学科不同层次读者的需求信息，以确保提供精准、有针对性的服务。及时了解对口院系课程设置和学科建设情况，是为了更好地配合教学与研究需求。同时，在资源购置与维护方面，馆员致力于为科学、合理地购置书、刊和电子资源、数据库，提供第一手参考信息。这不仅包括实体资源的获取，还涉及在互联网上对该学科资源进行广泛收集、整理，并将其展示在学科分馆的电脑终端主页上，同时定期维护、更新，以确保信息的时效性与完整性。与此同时，与对口院系的密切联系与支持也是馆员工作的核心。与各院系保持联系，可以及时了解和掌握各院系教学科研的发展和进步情况，从而更好地满足教师备课和学生学习的需要。为此，馆员应提供信息资源的引进、指导和帮助，同时跟踪本学科的重点科研课题，寻找有价值的信息源，为科研人员获取最新、最有价值的资源信息提供支持。在沟通与服务方面，积极开通学科馆员信箱和 E-mail，开通服务热线，跟读者进行沟通与交流。听取读者的意见和建议，回答相关专业读者提出的各种问题，是馆员不断提高服务质量的关键。学科文献数据库的建设也是馆员的一项重要任务。馆员获取公开发表的各种优质专业报刊和其他报刊的专业文献，对潜在的原创信息进行深度加工和提炼，提炼出有价值的观点、方法、数据、事实和结论。通过鉴定性的方式对信息进行研究、鉴别、评价、筛选，致力于建设一个优质的学科资源数据库，以满足学科发展的需求。

（二）协同式学科化服务

学科化服务是知识创新中至关重要的一环，但单一学科馆员或图书馆难以胜任这一任务。协同式学科化服务通过学科馆员与其他参与者的紧密互动与协作，以用户细分为前提，基于多层次处理学科信息知识，提供深度服务。这一服务理念强调个性化支持，根据不同学科需求，实现用户定制服务。协同式学科化服务整合多学科领域的知识，学科馆员与其他参与者共同解决用户问题，提供直接而精准的支持。服务重心不只在于解决眼前的问题，更致力于支持知识的应用和创新。通过与用户代表和外部协作者合作，为用户提供实时解答问题服务的同时，提供深度的知识应用和创新支持。这种全方位服务模式使用户能够在学科领域获得更全面、更有深度的帮助，促进知识的创新与应用。协同式学科化服务因其全面、深入的特点，正逐渐成为学科信息服务的重要趋势，为知识创新提供了有力的支持。

目前，协同式学科化服务总体可分为馆内协作型和馆外协作型，具体包括以下4种。

1. 学科馆员团队内部协作

学科馆员团队协作是协同学科服务的核心模式，为此，团队内建立了紧密的协作关系。在知识管理环境中，挖掘和应用隐性知识成为团队合作的关键。团队致力于提供积累、共享和创新的工作环境，以强化服务创新。团队的主要职责之一是积极挖掘和共享专业领域内的知识，包括显性和隐性知识。通过成员之间的协作，更有效地满足学科服务需求，提高服务效率和质量。协作不只是知识传递的过程，更是一种共同学习和不断创新的过程。构建高效的学科馆员团队需要适合的规模，以确保有效沟通和合作。成员专业背景应互补，确保知识面覆盖广泛。团队成员需具备强烈的创新意识，积极尝试新方法，推动学科服务创新。高素质专业人员应愿意在团队中协作，共同推动学科服务水平的提升。通过这些努力，学科馆员团队能更好地适应学科服务需求的变化，提供更优质的服务。

2. 学科馆员与其他馆员协作

学科馆员制度的全面参与是提升整体服务水平的关键。为实施学科服务，应采用纵横矩阵管理模式，以促进团队合作和跨部门协作得更为顺畅。构建支持团队的核心是学科馆员，这包括各部门的馆员。他们需要共同完成科技查新、资源整合、馆际互借、宣传推广等任务。通过学科馆员与支持团队的协作，形成一个广义的学科服务群体。为了更好地管理学科馆员，上海交通大学图书馆建立了"学科馆员－馆员"梯队，而同济大学图书馆则建立了"学科馆员－辅助人员"梯队。这种梯队体系有助于确保学科服务的持续发展。协作关系的建立不仅涉及学科馆员之间的密切配合，还包括与技术部、采编部、办公室等部门的协同工作。在这个协作的框架下，学科馆员能够更好地发挥各自的专业优势，高效地执行任务，通过整合各方资源，实现服务的全面提升。这种全员参与的学科馆员制度为图书馆提供了更灵活、更专业的服务，更好地满足了用户的需求，也为馆内各项工作的协同进行提供了有力支持。

3. 学科馆员与用户代表协作

在学科服务体系中，用户的地位至关重要，其需求和反馈直接影响服务的质量与效果。为了更好地满足用户的多元化需求，学科馆员与用户代表（包括教师和学生）之间的协作被认为是提升服务水平的关键。这种协作涵盖了学科资源建设、信息素养教育、学术研究、资源系统开发及咨询服务等多个层面。在学科服务的创新合作中，整合资源是一个重要方面。通过学科馆员与用户代表的密切合作，可以更好地了解用户的需求和期望，从而有针对性地整合各类资源。这不仅包括丰富的学科文献和研究资料，还包括数字化工具和技术，可以更好地支持用户在学术研究和信息获取方面的需求。上海交通大学图书馆的科研信息专员培训服务就是一个积极的尝试，为用户提供了更深层次的学科信息支持，促进了学术研究的深入发展。在学生代表协作方面，主要采用学科馆员－学生顾问制度的协作服务，即设置学生顾问，使之及时反映所在院系师生的信息需求，协助学科馆员在所在院系开展讲座培训、参考咨询、需求调研等学科服务，如清华大学图书馆、厦门大学图书馆设置的学生顾问制度。

4. 学科服务馆际协作

为了更好地满足高校学科服务需求，高校智慧图书馆采取了一种新的组织模式，即通过馆际协作建立学科服务联合体，其核心在于统一服务平台的构建。这一模式以资源的共建和共享为主要特征，其中包括学科文献和馆员资源。在这个联合体内，馆际互借、文献传递、数字参考咨询等活动被视为学科服务馆际协作的基础，初步形成了协作的框架。高校智慧图书馆在这一新的组织模式中具有广泛的互动空间，包括但不限于组织、策划、宣传、工作思路等方面。通过这些互动，高校智慧图书馆能够建立起学科服务联盟，形成一种多方参与的机制，这样的机制有助于实现学科信息资源、馆员及服务平台的协同发展。

（三）团队式服务

随着用户对专业化服务需求的不断提升，单一的馆员逐渐难以满足日益深层次的知识需求。为了应对这一挑战，必须建立多元化的团队结构，充分发挥各个成员的专业优势，以满足不同学科领域的需求。在未来的图书馆服务中，传统的学科馆员角色将经历一场深刻的演变，从而形成一个协作的团队，这样的团队将更适用于面向科研服务的环境。为了实现系统深层次的学科服务，团队需要进行有效的分工，包括学科联络、知识组织、情报研究及个性化服务等方面。这种分工的协调将使团队能够更好地应对不同学科领域的专业性要求，从而提供更为精细化和个性化的服务。在网络环境的影响下，虚拟项目组和开放研究群体形成了广泛接受的工作模式，这为学科馆员团队提供了更灵活的合作方式。学科馆员团队可以根据具体需求动态地组成服务团队，更具可行性。未来服务的走向将更加系统化，学科馆员团队将不再是单一协作的形式，而是向分布式网络外部协作的形式演变。当前，主要存在以下4种团队式服务模式。

1. 固定型团队模式

高效学科服务团队采用固定型团队模式，集聚学科馆员、咨询馆员和辅助馆员，专注为一个或多个学科院系提供服务。该模式注重学科馆员负责制，赋予他们更多职权，提升管理能力。在团队协作中，学科馆员担任组织领导，咨询馆员贡献专业知识，辅助馆员承担沟通宣传任务。上海交通大学图书馆成功运用此模式，以学科为基础构建高效的读者服务团队。其读者服务总部按学科划分为理学部、工学部、文学部等三大学部，每个学部下再按一级学科细分为若干个固定学科团队，每个团队平均由一名学科馆员、两名咨询馆员和若干辅助馆员组成。

2. 互补型团队模式

互补型团队模式是在固定型学科服务团队的基础上进一步发展而来的。在固定学科服务团队之间进行小范围协调，形成由2~3个学科团队组成的协同体系。这一模式的特色在于充分利用学科服务人员的特长，将其按照不同的技能和专长进行分工，明确各自的职责。团队成员可以培养成学科馆藏资源建设专家、信息素养培训专家等，以实现服务的全面性。这种模式的分工科学、合理，避免了对全能型馆员的过分要求，而是追求在团队中最大限度地发挥每位馆员的专业能力。同时，一些图书馆还可以在不同部门之间建立互补型团队，如来自读者服务和采访编目部门的馆员可以通过合作协同的方式，充分发挥各自的优势，也解决了人力不足的问题。

3. 可塑型团队模式

可塑型团队模式的核心思想是将首席学科馆员置于中心，以全局工作为焦点，与传统的固定型团队形成鲜明对比。

学术界普遍认可可塑型团队模式的有效性，该模式以任务为中心，通过对固定学科团队的灵活重组，更好地适应任务需求。不同于传统的互补型团队，可塑型团队模式强调对所有学科服务人员的灵活组配，覆盖宣传沟通、素养教育、资源保障和深层情报研究等多个领域。成功实施学科化服务的关键在于有效保障图书馆组织机构与运行机制。武汉大学图书馆在这方面采取了可塑型团队模式，将学科团队划分为六个学科工作组。每个工作组由不同部门的成员组成，实现了跨学科协同服务的目标。这种灵活的组织结构在社会科学、人文科学、理学、工学、信息科学、医学等多个领域取得了显著的成功。这些学科工作组的成员包括各分馆学科馆员、信息服务中心人员和院系资料室人员。

4. 拓展型团队模式

在上海交通大学图书馆和中国人民大学图书馆，拓展型团队模式，又称为"嵌入型团队模式"，已经在实践中取得了显著成果。这一模式通过信息专员或学科联系人的密切配合，成功地将科研团队与图书馆深度结合，以提高学科服务在科研领域的嵌入效果。在这一实践中，拓展型团队模式得到了院系和科研团队的积极支持，显示出其在促进学科服务与科研密切结合方面的巨大潜力。然而，要实现这一模式的最大效益，仍需要对信息专员进行培训、管理和考核制度的完善。信息专员在这一团队模式中扮演着关键角色，他们需要具备深厚的学科知识，以更好地理解科研团队的需求和动态。因此，培训计划应该注重信息专员学科背景的提升，以确保他们能够充分胜任在学科服务中的角色。同时，有效的管理和考核机制也是确保拓展型团队模式长期稳定运行的重要因素。对信息专员的绩效评估应该综合考虑他们在科研支持、信息服务等方面的贡献，以激励其持续改进和提高服务质量。

三、基于智能技术的学科化服务

基于智能技术的学科化服务是一种通过智能信息系统和应用平台实现虚拟信息资源高效处理的方法。该服务全面应用智能信息检索和处理技术，充分利用开放网络工具，尤其是Web2.0技术，深度挖掘专题信息并与用户开展互动，更好地满足用户需求。相较传统服务，智能学科化服务呈现高度智能性，能自主执行任务，并根据用户特征提供个性化服务。这得益于专家系统、机器学习和人机交互的整合应用。系统通过自我学习和调整，加速知识库更新，持续满足用户需求。此服务的另一优势在于加速知识库更新，确保信息始终是最新的。用户可以随时获取最准确的信息。

（一）RSS学科信息推送服务

RSS在图书馆行业中的应用已经极其广泛，特别是在学科化信息服务方面，它可以发挥信息过滤、信息收集、信息推送和信息交流四个方面的作用。

基于RSS即时性、个性化、集成性和易获性的特点，RSS服务可以为科研人员在科研过程中提供大量相关的学科信息，服务方向主要为学科信息聚合、新书通报、专业期刊目次、学科资源导航等方面。

1. 学科信息聚合服务

学科信息聚合是一种基于RSS的信息整合方法，它通过汇集专业学术网站、学术信息导航及学术研究博客等多元信息资源，并将这些整合后的内容推送给用户，以供用户参考学习。这种做法不仅使用户能够及时获取学科领域的最新发展动态，同时也有效减少了用户在盲目查找学科信息上所耗费的时间和精力。例如，厦门大学图书馆的图林网志聚合和上海交通大学图书馆的专业博客网志聚合，都是成功的案例。

2. 新书通报服务

图书馆的新书通报一直是其传统服务的一部分，旨在协助读者及时了解馆藏动态，便于他们更快地找到所需的书籍。这项服务通过图书馆网站得以实现，读者只需简单登录即可轻松获取最新上架书籍的信息，得到了极大的便利。

这一传统服务在读者的阅读活动中具有重要的宣传导读作用，直接影响着读者对图书和整个图书馆的利用程度。通过新书通报，读者能够及时了解到图书馆馆藏的更新情况，使其在选择阅读材料时更加得心应手。而图书馆网站的发布机制为读者提供了一个便捷的渠道，使他们能够随时随地获取最新的上架信息，无需亲自前往图书馆。这种方式主要有两个方面的不足：一是服务缺乏主动性和互动性。读者如果需要获取新书信息就必须登录图书馆的新书通报页面，查找相关学科的新书上架情况。二是难以满足读者的个性化需求。读者所关注的书籍一般集中于某一学科领域的某一部分，图书馆的学科分类并不一定能满足读者的需求，这样势必会产生许多读者并不关心的信息。

随着 RSS 与 OPAC 技术的发展，图书馆可以将 RSS 与 OPAC 相结合。考虑到图书学科类别问题，将 OPAC 中的新书信息通过索书号分类，提供针对不同学科的 RSS 服务，这样，用户就可以根据学科类别定制该学科的新书信息。

3. 专业期刊目次服务

电子期刊在满足用户获取最新期刊信息方面发挥着关键作用，其中通过 RSS 订阅功能的实施成为一项重要的服务。例如，众多知名电子期刊如 IEEE、IOP、Nature 等纷纷采用 RSS 订阅功能，为用户提供即时的期刊目次信息，极大地促进了用户获取新刊到馆情况的效率。这种定制化的服务方式涵盖了按刊名、关键词、检索式等多个方面，为用户提供了更为灵活和个性化的选择。通过这一机制，用户能够以更加便捷的方式捕捉到感兴趣领域的最新研究成果。

与传统的纸质期刊相比，电子期刊数据库的 RSS 订阅功能具有明显的优势。首先，这种方式极大地提高了用户对期刊更新的感知速度。用户可以在第一时间获取到最新的期刊目次信息，使其能够紧随学术前沿的步伐。其次，电子期刊的 RSS 订阅功能更有效地满足了用户对时效性和更新频率的迫切需求。传统的纸质期刊需要较长的印刷和分发周期，而电子期刊通过网络即时传递，极大地缩短了信息传递的时间，使用户能够更及时地了解到最新的研究动态。

通过这种方式跟踪刊目，可以同时获得多个期刊针对学科的有用信息，从而长期保持与学术前沿的同步。如上海交通大学图书馆建立的期刊目次订阅平台。

4. 学科资源导航服务

学科导航服务已经成为当前图书馆最重要的服务形式之一。目前，很多图书馆网站正在建设类似于"学科导航系统"的平台，试图收集和整理互联网上的各种学术性资源，平台的展示方式有学科博客、学科研究社区、学科资源门户等。例如，中国科学院国家科学图书馆开发了一个基于RSS的科技新闻聚合服务系统；美国马里兰州的国家癌症研究院的图书馆，收集互联网上的RSS Feeds资源所开发的数据库，其信息源极为丰富，包括乳腺癌新闻、癌症新闻、《时代周刊》、路透社健康在线等。这些平台都聚合了大量的学科资源，并按照学科或研究方向给出了分类RSS定制服务。

（二）Tag学科化信息资源服务

Tag（标签）可以拓展学科化信息资源，将信息资源以大众的方式进行揭示，因此，Tag的分类方式更容易让读者理解。在学科化信息服务方面主要体现在信息资源的揭示与检索、个性化信息资源组织和信息热点与主动服务。

1. 信息资源的揭示与检索

信息资源的揭示与检索主要表现在OPAC中的应用，读者在检索馆藏的同时，可以对馆藏进行标引和标注，还可以了解其他人对该资源的认知情况。采用这种社群沟通方式可以从大众的角度来了解资源的类别和内容。同时，通过标签检索还拓宽了传统OPAC系统的检索途径，使读者可以以更多方式获取信息资源。

2. 个性化信息资源组织

Tag的应用可以使得读者在组织信息资源的方式上变得更个性化，并具有以下4个特性：①读者可以给图书馆网站中的新闻、服务内容、数据库、帮助信息等加Tag；②读者可以通过自己的Tag快速跳转到相关的页面；③全站Tag为读者提供一种新的网站浏览方式；④Tag为读者提供全站内容的查询功能。

3. 信息热点与主动服务

Tag库对用户进行使用挖掘分析，将信息的热点进行用户群体的相关度分析,可以实现以下3个功能:①知晓近期读者最关注的图书。通过某段时间内用户标注最多的图书,形成图书热度排行榜。②发现近期读者最关注的主题。通过某段时间内标签标注次数、访问次数、访问用户数等,形成标签热度排行。例如,用户 A 标注了一本书,用户 B 也标注了,就可以通过这本书建立一个用户 A 和用户 B 交流的渠道。若用户 A 和用户 B 都标注了若干本图书,那么就可以把用户 A 和用户 B 联系起来,以形成读者聚类。③主动推送标签相关的图书给读者,即把某本图书主动推送给用了相同标签的读者。例如,用户 A 用了一标签,用户 B 也用了,就可以通过这个标签建立一个用户 A 和用户 B 交流的渠道。若用户 A 和用户 B 都用了若干个标签,那么同样可以形成读者聚类。

(三)IM 学科信息服务

1. IM 学科信息咨询服务

图书馆在开展学科化信息服务时,需要选择采用何种方式与用户交流沟通,其中较为常用的有即时通讯(IM)。利用 IM,图书馆可以实现实时地与用户进行交流,进行学科化信息服务,其在表现形式上主要有以下两种方式。

(1)嵌入用户环境

图书馆面向学科领域和科研机构,组建许多个灵活的学科单元,将资源通过采集、加工、重组、开发、利用等工作融入每个学科单元,每个学科单元由若干名学科馆员负责,并将学科馆员的 IM 联系方式提供给用户。在用户与学科馆员建立联系之后,用户登录 IM 工具即可向学科馆员进行咨询,获取帮助。通过学科馆员专业化的知识重组,使信息服务由粗放型管理转向学科化、集约化管理,从而为用户提供更深入、更精细、更个性化的服务。例如,宁波大学图书馆以馆藏资源为基础,将学科分为人文社科、工程技术、人文语言、生命科学等,每个学科由专门的学科馆员负责,并提供 IM 联系方式。

(2)嵌入学科信息服务平台

为了更有效地发挥图书馆在网络环境中的作用,许多图书馆已经建立了专注于学科化信息服务的平台。这些学科信息服务平台充当着联系用户和学科馆员的关键媒介,同时也是学科知识服务系统在外部的显性表达形式。学科馆员通过这一平台向用户提供服务,使学科化信息服务的各个组成部分能够以醒目、便捷、有序的方式在平台上展现。在学科信息服务平台上,利用网页嵌入技术将 IM 嵌入平台，加强了服务平台与用户的互动，改善了用户的服务体验。

2. IM 学科智能推送服务

针对学科的信息推送是高校智慧图书馆的重要工作之一。学科服务作为高校智慧图书馆一项重要的对外服务项目，对馆员的要求很高，工作量也很大，需要及时获取最新的学科信息和动向，并将收集到的信息加以整理，发布到网上。但是，整理后的信息量仍然很大，读者很难找到自己真正需要的信息，从而使学科服务的效果并不明显。

IM 作为即时性的交流工具，具有实时性和个性化的特征，图书馆利用它作为个性化信息推送服务可以为读者获取信息带来极大的便利。较之其他推送方式，IM 具有以下 3 个优势。

（1）信息及时提醒

读者可以在第一时间获取新书信息，不需要 RSS、E-mail 那样靠人工收取便可获得。

（2）低成本

IM 的信息通信不需要支付任何费用，而手机短信是按照短信条数进行收费的。

（3）保护隐私

由于 IM 信息内容只有读者登录才能看到，因此利用 IM 可保障读者个性化信息的隐私。

高校智慧图书馆在开展学科化信息推送服务时，可将 IM 即时通信工具引入创建 IM 智能机器人平台，作为分发平台。读者可以在平台上定制自己关注的学科内的细小分类，这样既保证了读者接收信息的质量，又释放了学科馆员的基础工作量。IM 机器人可以根据读者定制的条件将学科馆员的最新信息进行筛选分级，并发送到读者的即时通信工具上。应用 IM 机器人代替学科馆员发送学科化信息，它可以取代人的部分工作，可以将工作时间从 5×8 小时拓展到 7×24 小时。它是一种便于管理和维护且低成本的解决方案，是基于人工智能技术的应用，可以针对不同的服务对象及业务类型进行分类处理，对通信的内容进行智能的分析，从中提取指令内容，并根据指令的内容获取服务对象需要的信息，予以回复。利用 IM 开展学科化信息推送服务，可以让更多读者定制学科信息，而不受时间、空间、人员的限制。例如，上海交通大学图书馆2009年推出的OPAC机器人服务,以及后续设计开发的百科机器人、信息导航机器人、新书通报机器人等。

IM智能机器人服务开发方案主要包括学科信息推送服务流程和系统建设两方面。一方面,根据用户需求确定业务的主要流程。基于用户建立自己关注的学科及学科下面的详细方向分类,并提交其常用的IM工具联系方式,将系统的IM机器人加为好友。学科馆员在管理后台将收集到的最新学科资讯进行分类并批量导入平台数据库,IM机器人每天定时从数据库中获取最新的学科资讯,并根据读者定制的分类,将信息发送到读者的IM即时通信工具上,读者登录后即可看到最新的学科信息,还可以通过发送指令的方式向IM机器人请求其他学科的信息,IM机器人根据请求的条件获取信息并发送到读者的IM即时通信工具中,在此基础上形成了学科信息推送服务模型。另一方面,是系统建设,即根据IM推送机器人具有多用户数并发、响应读者命令及时、7×24小时服务等特性,可以设计"定时推送"和"根据用户指令",获取两部分主要功能进行学科信息库和用户信息库建设。

(四) RFID学科化服务

RFID技术是物联网技术的核心点,它可以实现远程读取标签信息,进行智能识别,并进行相应的后台数据处理。

在这个过程中,可以获取读者的个人信息,并以学科作为服务主体对象,进行针对性的服务。对于图书,同样由学科分类作为依据,通过标签智能识别,在后台数据库进行处理与智能化推送。

利用RFID技术,图书馆系统可以根据读者卡自动辨识身份,实现了身份验证的便捷性。一旦读者使用RFID读者卡,系统就会立即识别其身份,并即时向读者手机推送最新的与其学科相关的图书信息或其感兴趣的书目。同时,系统提供了详细的查找路径,使读者能够方便、快捷地找到所需图书。一方面,在图书归还的过程中,读者只需将图书放在还书机上,系统即可自动扫描并完成图书的归还操作。这一自动化的归还系统减轻了读者的负担,提高了还书效率。而对于读者在预约书架前的需求,通过旋转读者所预约的书架的智能设计,系统能够自动点亮相应书架上的灯光,并展示三维立体地图,为读者提供最优路径指引,使预约书架变得更加高效和便利。在图书馆大厅,智能机器人的引入为读者提供了全方位的学科咨询服务,这些机器人能够解答各种关于图书馆学科的问题，为读者提供更加深入的信息服务。另一方面，通过传送带的运用，归还的图书能够被自动分拣，并按照学科进行分类。智能书车则负责将这些学科类图书导航至各自的书架，实现了对图书的智能分发。这种高效的图书管理系统不仅提高了图书馆的整体运作效率，而且为读者提供了更为便捷的图书查找服务。高校智慧图书馆运用RFID技术可以更好地服务于读者，为读者提供更加丰富的学科信息内容，提供更为方便、快捷的信息获取渠道。其主要体现在以下3个方面。

1. 学科化信息提示服务

高校智慧图书馆中，读者面临最多的问题就是学科类图书的查找，往往缺乏方向性，需要向学科馆员进行咨询。借助RFID技术，可以将学科化信息资源非常直观地揭示给读者，使读者寻找想要的学科类图书变得更容易。

智能书架的发展日益成熟，其中RFID技术的广泛应用为图书管理领域带来了革命性的变革。通过在原有书架上巧妙地安装多个RFID阅读器，并采用高效的轮询读取机制，智能书架每5~10秒进行一次扫描，科学而准确地定位学科图书信息，弥补了传统人工盘点的不足之处。

智能书架技术为在架图书实时定位带来便利，但对于不在架图书的精确定位仍面临难题。可以考虑在阅览室公共区域配置大功率RFID阅读器，书桌配备RFID扫描器，入口设置RFID与红外感应系统。阅读者通过书桌扫描或门口监控，可以获取附近图书的位置。整合至查询系统，读者可以实时查找图书的位置，提高寻找效率。基于RFID的智能书架系统，不仅简化了读者查找图书的流程，也提升了图书管理智能化水平，为读者提供了更便捷、高效的阅读体验。除此之外，利用RFID技术还能够与其他学科服务平台相结合，将各种学科信息资源加以有效利用，并展示给读者。由于互联网的高速发展，各种数字资源与多媒体形式层出不穷，图书馆的读者群体逐渐将关注的重点从纸本书籍转移至数字及多媒体资源，各种学科及咨询服务也依托了一些个性化的学科服务平台，将信息快速而准确地传递到读者的终端。与传统学科咨询服务相比，RFID效率更高。读者使用内含RFID芯片的读者卡进馆，RFID后台系统会自动识别出读者的身份，并在后台数据库中获知其学科分类信息、经常关注与借阅的学科类图书等（也可以把相关信息直接写在RFID芯片中）。凭借获取到的学科分类信息，图书馆其他学科服务平台即能以接口方式与RFID后台系统互联并获知读者的学科分类及其他相关信息，通过各种不同的手段为读者提供个性化的学科服务，如在网页上直接突出显示与该读者学科相关的学科资源信息或该读者可能感兴趣的内容，将该学科热门类的资源直接推送给读者，这是 RFID 技术实现智能化学科信息揭示服务的有力手段，也是在传统学科咨询服务中融入人性化、智能化的一种服务模式。

2. 学科化信息推送服务

传统学科咨询服务模式是"一问一答"的形式，即读者碰到某些问题后找到学科咨询馆员，馆员负责对该问题进行解答。这种模式比较被动，而且效率不高，不能充分发挥学科馆员的作用。在互联网时代，各种个性化的学科服务平台与技术手段已经非常成熟，完全可以改变固有的模式，将学科化信息服务提升到一个新的高度，实现主动式推送的目标。读者进馆后，RFID 阅读器读取其随身携带的 RFID 读者证，获取读者信息。通过分析读者证内的学科信息和 RFID 后台数据，深入了解读者近期借阅的学科类文献，从而推测其个人兴趣。这一数据分析的过程不仅使图书馆全面了解读者的阅读行为，同时还为图书馆提供了有力的信息基础。基于这些统计数据，图书馆可以采取多种手段向读者推送相关书目，包括但不限于各平台的消息推送。此外，图书馆还可通过电子邮件等方式直接向读者推荐新书和热门书籍。为了更加高效地满足读者的阅读需求，推送功能还可以与高校智慧图书馆的目录查询系统进行整合。一旦读者登录其账号，他们将方便地看到根据个人兴趣或学科分类推荐的书目和数字学科信息资源。这种主动式学科服务的引入不仅为不熟悉资源检索的读者提供了便捷，同时也可以让他们切实地感受到图书馆提供的贴心和高效服务。

在学科图书查找过程中，可以在每个书架旁安放一个显示屏，智能书架侦测到书架上的取书动作后，读取所取图书的 RFID 标签，即可获得该书的详细信息，通过 RFID 后台数据库接口与图书管理系统数据库的连接，定位到一站式检索网站中的相应图书信息，也可以连接到一些学科服务平台上，如学科电子期刊、数据库列表网站等，将这些网站提供的信息进行智能筛选与整合，在书架旁的显示屏上进行主动式推送，读者即可实时查看详细的书目信息、书评信息、目次信息、学科相关信息等，还可以推送与该书目相关的其他学科类书目与数字资源信息，供读者选择。在繁重的书籍排架、上架过程中，智能书车可以按照预定的程序进行有条不紊、无差错的分类、上架等工作，将书籍准确无误地推送到各个书架。例如，深圳图书馆推出了一辆智能图书车，车上配备了一台车载电脑和一个固定的文件分拣单元，通过RFID阅读器和电脑准确识别文件和书架标志，这使智能图书车可以显示图书在书架上的具体位置，并查询和传递该区域的所有图书位置数据。这一创新使传统的搬运车不仅具备了文献上架、排架的功能，还实现了自动寻址，从而提高了图书馆管理的效率和准确性。

3. 学科化信息统计服务

RFID技术不仅拥有远程识读图书标签信息的功能，而且更为重要的是应可以充分利用其后台数据库统计的数据信息。在设计定制数据库时，必须综合考虑各种数据统计功能的需求，包括对图书和各种处理状态的记录，以实现对学科类图书的借阅历史进行详细分析。通过这样的分析，可以确定学科类热门图书的种类，了解在某个学科中哪些书籍最受欢迎。这些信息可以为图书馆制订学科类书籍采购的计划提供依据，从而实现合理使用图书经费、购置更有针对性和有效的文献，以提高所采购学科类文献的利用率。除此之外，通过数据库的统计功能还能识别出某些学科中相对冷门的图书文献资源。基于这一信息，图书馆可以有针对性地进行书籍的剔旧工作，确保馆藏的文献资源保持前瞻性和实用性。若将系统采集与统计的读者信息相结合，还可以统计出某个学科的读者群体最喜爱借阅的书籍。

图书馆的图书管理系统不仅具备借阅统计功能，而且采用了RFID技术进行统计，为用户提供了独特的服务。特别引人注目的是扫描书架服务，读者可以通过手持阅读器扫描书架，即可获得该书架上最受欢迎、借阅次数最多的学科类图书的详细信息。这些信息来自RFID后台的统计数据库，为读者提供了一个直观而便捷的途径，使其能够轻松了解图书馆中最热门的学科类图书。基于RFID技术的统计数据，图书馆每个阅览室都会新增学科热门书籍推荐书架，并每月更新。每个月，图书馆都会选取5~10本最受欢迎的学科热门书籍，将它们以智能形式展示在相应的书架上。书架上的图书信息由RFID阅读器收集，并与RFID系统关联定位。这些数据会自动发布到图书馆OPAC系统的热门学科类图书推荐栏，为读者提供参考。通过对热门和冷门学科类图书资源的统计分析，图书馆可以优化排架规则，将热门类书籍放在读者最易触及的位置，提高它们的可见性和借阅率。这一过程体现了图书馆的人性化服务理念，通过数据分析和智能化技术，为用户提供更加个性化、便捷的图书浏览体验。

第二节 高校智慧图书馆学科化服务平台的构建

学科化服务平台是学科馆员与用户互动交流的虚拟空间，旨在支持和促进学科化服务体系的构建，从而满足用户的服务需求。这个平台的宗旨是满足用户的需求，为其提供全方位的服务。更明确地说，这些服务涵盖了学科门户、学科导航、订阅和推送 RSS 源、显示互联网资源、深挖知识并提供特定课题的个性化定制。提供这种服务不仅可以让用户获得更具针对性的关注，同时还有助于平台实现更智能和专业的知识服务。另外，学科化服务平台能够协助学科馆员通过分析学科需求，汇总有学术价值的资讯，帮助规划和管理提供定制服务的任务。缺乏专门的学科服务平台作为中介，可能会阻碍学科馆员与用户进行真正的互动和交流，也可能会对学科服务所涉及的工作产生负面影响，导致预设学科服务计划的顺利推进受到阻碍。

图书馆应该设计一个系统，可以同时展示实体的馆藏学科资源和连接虚拟的学科导航资源。该平台要能够将高校智慧图书馆服务向学科化方向发展，不仅可以用于管理学科资源，而且可以发布学科信息，进而促进馆员和用户之间的交流互动。

一、高校智慧图书馆学科化服务平台构建的必要性

（一）满足用户多元化信息需求

随着用户需求的不断多样化和升级，以及信息量的日益膨胀，用户不再满足于获取未经加工的电子文档、网络资源和传统数据库中的信息，因为这些信息可能存在大量的冗余数据。用户往往感到困扰，因为在教学和研究过程中遇到问题时，需要通过多个渠道搜集信息，这导致信息的组织和整合变得困难，也使问题解决过程变得复杂。

一个优秀的图书馆需要深入了解用户的需求和偏好，掌握那些能够真正吸引用户的要素，并不断地进行创新，以满足用户的需求，并在提供服务和体验上"更上一层楼"。一站式学科化服务平台是一个服务于学科领域的集成工具，功能齐全、操作简便，它可以分析用户的学科背景、使用习惯和兴趣，

从而塑造适合用户的个性化模式，进而根据用户的不同级别和分类，量身定制信息和服务，并以贴合用户兴趣的方式展示，不断提供让用户感到愉悦的体验。

（二）进一步深化学科化服务

在服务范围、馆员规模、服务质量和专业化水平等方面，国内高校与欧美高校存在明显的差异。因此，国内高校图书馆仍然存在不少问题，需要着手解决。建立一个跨学科的一站式综合服务平台可以有效解决各学科领域的难题，并有助于提高该领域工作的专业性水平、深度水平和标准化水平。以下3个方面可以清晰地展示它的表现。

1. 整合人力、物力和信息资源

建立一个集成各种技术的学科服务平台，有助于完善和提升现有的学科服务。这是因为在信息技术得到广泛应用的情况下，数字图书馆的出现可以让馆员的工作变得更轻松，人们获取知识信息的途径也变得更加多样和方便，也正因为如此，馆员的工作效率得到了提高，也有效降低了人力和物力成本。集中管理信息资源和服务，避免了重复劳动，促进了高附加值的内容创作，且图书馆可以更有效地利用资源，以最少的人力和物力为用户提供高品质的服务。通过共享平台，图书馆可以利用网络中不同角色的转化和渠道的多样性，实现学科知识服务的广泛整合，也可以吸引多方参与，包括图书馆以外的专家和学者。该平台不仅可以将任务分配给学科馆员，而是几乎所有平台用户，能够实现更高效和全面的学科化服务。

2. 提高服务效率

学科化服务平台整合了各种学科信息资源和服务方式，以应对学科的多样性、读者层次的多样性和广泛的地域分布等问题，从而能够有效地满足不同类型用户的需求。利用强大的平台，高校可以拓展现有学科的服务范围，同时实现信息更高效、更便捷地汇集、创作、发布、管理、共享和协作。通过实施规范化整合，高校可以推动制定服务标准、规范和流程，从而减少服务过程的主观性和不确定性，促进学科化工作流程优化和各部门协作进程的加快。馆员能够与用户进行实质性的互动和对话，以解决用户的问题并为其提供所需的支持和协助。另外，为了确保用户能够获得优质、高效、全面、及时的知识信息服务，馆员会持续监控学科资源的服务情况。此外，馆员还能够推动科研成果的交流、发展、创新、应用和转化。为了更好地服务更广泛的人群、提升学科服务的专业水平并提高服务效率，馆员需要不断提高自己的专业素养。

3. 提升学科馆员关键能力

利用学科服务平台的高效功能和简便操作，学科馆员可以变成信息检索、科研追踪、文献管理和学科服务专业领域的专业人员，并且还能减少耗时、琐碎的技术工作。通过把注意力集中在核心业务上，整合不同方面的资源、改善服务品质并满足广泛急需，学科馆员能够提高员工和图书馆的竞争力。与普通人相比，学科馆员拥有出色的信息服务能力，在平台的加持下，他们能够熟练地搜集和分享丰富的思想和智慧，进而展示他们的工作成果，以激发用户的热情和学习动力，推动知识的创新和进步。为了适应不断变化的科研环境需求，学科馆员致力于提供专业化服务并不断提升业务水平和工作能力，进而在信息服务方面，确保图书馆管理服务始终保持与时俱进的发展态势。

（三）提升图书馆现有平台功能

为了更好地为用户提供服务，国内外高校智慧图书馆采用先进的技术构建学科服务平台，并利用各种工具展示信息资源，旨在拓展服务范围及提高服务质量。这样做的目的是满足更广泛的服务对象的需求，以提高图书馆服务的影响力。以上海交通大学图书馆为例，该馆在不同方面采取了多重措施，有效提高了图书馆的服务效率和质量。为了使学术信息更易于搜索和共享，该馆采用了多种方法：建立学术信息资源检索系统；开发学科信息导航服务；创建学科博客；运用知识库平台和学科服务平台等工具进行资源搜索和发现。除此之外，该馆还通过信息发布和分享的方式来提高信息的传播速度，并借助 Metalib/SFX（图书馆数字资源整合管理系统）和 Primo（学术资源发现系统）等平台，对资源加以整合。这些措施都取得了良好的效果。现有的学科服务平台还可以进一步完善其功能。

1. 须集成各类系统

目前，应用平台种类繁多，但它们大多属于独立系统，缺乏集成的便利性。用户面对众多平台应用，往往会感觉无从下手。因此，需要一个简单易用、功能全面的专业平台，将图书馆提供的所有服务整合在一起。该平台的功能需要不断扩展，这是由于它要确保能够无缝地集成各种系统服务，还要确保能够为用户提供多种学科信息资源，为用户提供图书馆提供的信息服务，从而让用户能够轻松地对其加以使用，体验图书馆信息服务。

2. 完善平台功能

现如今，无论是国内的图书馆还是国外的图书馆，都在广泛应用先进的Web2.0技术。它们在学科服务领域中采用了课程管理系统和学科导航系统，从而使用户享受到了极大的方便。在Web2.0技术中，RSS是被认为最具代表性的平台之一，它能够为用户提供便捷的方式，帮助他们搜集、创造、发布、管理、共享信息。然而，这些系统并非为特定学科专门设计，因此它们缺乏有力的团队支持，相应的更新和维护方面的工作也相对困难。不同平台的特点有所侧重，馆员合作的程度、与用户的互动，以及整合信息的能力等也是不同的，这会影响用户的体验感受。图书馆要打造一个集成现有各个平台优点的综合学科服务平台，为用户带来全新的使用体验，同时要提升馆员的工作效率，提供更多的创新空间，从而将学科服务提升至新的高度。

3. 促进信息共享

尽管高校智慧图书馆广泛使用各种技术，但学科馆员和其他部门的工作人员仍需耗费大量时间和精力用于信息共享。目前，许多高校已经开始建立学科博客，但由于学科点之间无法共享，学校内部也难以实现共享，这就导致出现了信息孤岛。学科馆员需要频繁使用写作和引用的技能，他们要耗费大量时间和精力来发布一些常规信息。此外，其他部门也往往因为权限不足而无法参与信息传播，进而导致信息传播速度缓慢。因此，我们需要打造一个跨学科、一站式的服务平台，将国内外其他高等学府的信息和资源整合到一个平台，从而方便彼此连接和共享，这样的做法将带来明显的益处。学科馆员可以通过积极借鉴同行的工作经验，开拓自我学习的途径。对读者来说，抓取或共享的内容是获得专业学习或科研信息的方式之，在建设信息共享服务平台后，图书馆在组织和管理这些资源方面能够发挥更为重要的作用，进而有望成为读者获取信息的聚集地。

二、高校智慧图书馆学科化服务平台的设计

（一）构建目标

学科化服务平台是学科服务系统的基础组成部分，旨在整合各种工具、

资源和学科馆员与用户之间的互动，为用户提供全面的学科服务。通过该平台，学科馆员与用户之间的联系会更加紧密，同时该平台也能更好地展现学科服务系统的各个方面。学科馆员利用学科化服务平台，可以深入调查、检索、分析、评估各种信息资源，筛选出最有价值的信息，并加以分类整理，建库。馆员能够对不同的信息系统和服务进行评估，将它们整合并量身定制，以便在一个平台上为学科信息服务提供综合支持。这些服务包括但不限于跟踪和数据分析、专题研究、信息解读、学科咨询和学术交流等。除此之外，在学科化服务平台成功构建的情况下，学科馆员还能够有效负责维护和管理学术成果。

学科服务平台的构建旨在辅助学科馆员更有效地进行工作，以便为用户（包括教师和学生）提供更优质的学科服务。通过网络，学科馆员能更有效地推广和宣传学科化服务，从而提升图书馆在学科化服务方面的整体质量。

（二）系统框架

1. 系统定位

建立学科化服务平台，关键在于开发应用软件，因为该平台需要与其他系统进行集成运行。一般情况下，图书馆都会安装多种系统，包括门户网站、图书馆系统、电子数据库及办公室管理系统。推动学科化服务平台建设的关键在于对各个系统进行妥善处理。相较于图书馆门户网站，学科化服务平台更加注重为读者提供涉及学科领域的专业性服务。图书馆门户网站的主要功能是提供关于图书馆的概述、资源检索、图书查询和续借等方面的服务，而学科化服务平台更侧重于为特定学科领域的用户提供深入的研究探讨和专业的指导服务。利用专门针对不同学科的服务平台，用户可以享受到更加个性化和精准的服务，这些服务全面、深入地涵盖了用户所需的学科领域，能够为用户提供更加彻底的服务体验。图书馆门户网站和学科化服务平台系统所呈现的信息源于图书管理系统和资源数据库的支持。因此，两个系统的建设都依赖于基础设施的建设。学科化服务平台是不可或缺的系统，图书馆管理系统和图书馆门户网站同样重要。为用户提供了接受服务的渠道，为学科馆员提供了相应的工作平台。

2. 系统关系

高校智慧图书馆学科化服务平台和图书馆网站发挥着重要作用，它们可以为用户提供一个全面的图书馆服务界面。图书馆门户网站推出专题服务平台，旨在加强对平台的推广。

学科化服务平台和图书馆管理系统之间有着紧密的联系。前者主要为用户提供不同种类的服务，其中一些服务需要获取图书馆管理系统所提供的信息支持；后者则基于馆内资源为用户提供信息服务。馆员要利用图书馆管理系统的资源检索、编目和电子资源数据库，以便完善馆藏资源的建设。为确保图书馆及时了解最新的图书信息，学科馆员需要在采购模块中提供新书目录数据，供供应商更新图书信息。因此，通过书籍管理系统的采购功能，学科馆员可以将从供应商处获得的书目信息导入系统中。在使用新的图书目录模块时，需要与图书馆管理系统的采访模块进行对接，提供接口。目前，学科馆员的主要职责是提供参考咨询服务，核心是利用学科馆藏，结合图书馆管理系统的检索功能和电子资源库来完成。

学科馆员的日常工作在学科化服务平台与图书馆办公室管理系统之间存在密切关系，这些工作必须在学科化服务平台的后台管理系统中完成，因为学科馆员需要整合这两个系统的功能。

3. 系统结构

（1）硬件结构

实现信息系统建设的重要基础是硬件设施的支持。虽然硬件设施对图书馆非常重要，但由于图书馆的资金有限，最佳方案是采用经济实惠的方式来实现该目标。为了确保系统的稳定性和效率，图书馆应严格遵守硬件要求。随着系统的广泛应用，用户逐渐增多，图书馆业务范围也会不断拓展，因此图书馆对硬件性能的需求也在逐步增加。对于图书馆本身而言，要让硬件结构在可扩展性、稳定性和安全性方面达到卓越水平，就必须对其提出严格的要求。

为了实现这些要求，图书馆需要建立特定学科的服务平台的硬件设施，其中包括两个数据库服务器、3个应用服务器和1个F5负载均衡器。双机互备通常基于1对数据库服务器，以确保这两台服务器的数据始终保持同步。当主服务器发生故障时，备用服务器能够自动接收其功能，从而保障系统持续稳定运行。通过F5负载均衡器，图书馆可以确保3台应用程序服务器上的应用程序版本一致，并使用这些服务器提供服务。F5负载均衡器能够平衡多台服务器之间的流量分配，使访问应用服务的请求能够得到均等的响应。举例而言，当用户使用学科服务平台时，F5负载均衡会接收请求，并根据应用服务器的负载情况自动将请求转发到负载较轻的服务器上，从而保证用户使用该平台时的顺畅体验。假设该服务平台在某个时间段内总共有600个用户访问，那么平均每个应用服务器需要处理大约200个请求。另外，硬件设计考虑到了可扩展性，能够实现扩展。

（2）软件结构

软件结构即服务模块，包括以下4个方面：①学科门户模块。学科门户模块是学科服务平台的主要入口之一，能够为用户提供丰富的学科信息和资源。这里汇聚了丰富多彩的资源内容，涵盖学科发展的最新进展、著名学者的见解、重要的国际会议、精选阅读材料、研究领域、学科百科知识、文献资料库及相关博客等。该模块旨在为同一学科领域的用户提供全方位的服务。对于新手学习者来说，学科门户网站能够提供学科基本概念、历史演变等信息，有助于他们全面理解某一学科的知识。对于中级用户来说，这个平台能够提供一种渠道，方便他们交流体会、讨论问题。对于高级用户来说，他们拥有了解学科新潮流的权限，并且能够分享自己的知识，帮助他人进行学术提升。学科门户的功能模块是可以根据需求进行扩展、补充的，能够满足更多用户的需求。②馆藏资源建设模块。馆藏资源建设模块包括馆藏资源、新书书目和需求采集。馆藏资源包括该学科相关的所有图书资料；图书供应商负责提供最近出版的各个学科图书清单，即新书书目，读者可以通过查阅书单，从中选择符合自己需求的书籍；需求采集是指记录用户对文献需求信息的过程，并将其储存在数据库中。③参考咨询模块。参考咨询模块有两个主要的功能，一是提供咨询服务，二是分享知识库。咨询服务指的是学科馆员利用他们的专业知识和馆内资源文献，为用户提供与学科相关的咨询服务，并协助他们解决问题；知识库由学科馆员咨询服务、专题服务不断积累而成。用户可以在其中自主获取他们需要的信息。④后台管理模块。后台管理主要分为两部分：一部分是针对系统的管理功能，另一部分是针对图书馆馆员使用和工作相关的功能。参数管理和权限管理是系统管理功能的两个组成部分。在学科服务平台中，参数管理是指维护各种参数的操作，例如，要添加一个新主题，学科馆员需要在此功能中输入新主题的相关信息。而后，新增的这个学科将会呈现在用户的视野中。权限管理旨在学科馆员系统中分配角色和权限，以保证每个用户只能访问其所需的模块和功能。门户信息维护、咨询解答和馆藏分析规划等是学科馆员需要承担的工作职责。

（三）技术构架

MVC 架构被应用在学科化服务平台中。MVC 的架构包括 3 个要素，分别是表示层、控制层和业务层。软件中的各个组件都担负着独特的职责，它们协同工作，使软件具备了低耦合、高重用、灵活适应和易于维护等特性。低耦合意味着应用程序的各个模块之间尽可能少地相互依赖，以达到简单、清晰的设计效果。通过这种方式，学科化服务可以降低软件出现异常的概率，且更容易进行调试。MVC 模式通过将展示和业务逻辑分开，实现了模块的解耦，使模块更加独立，这种解耦的方式有助于提高系统的模块化程度。模块的单一职责原则不仅体现为其重用性，而且体现为其适用性。因此，在确保模块职责单一的基础上，这两个方面都能够得以实现。在 MVC 模式中，视图层可以用多种形式呈现数据，如以表格、柱状图等方式展示，数据的呈现形式有多样性，但数据本身的意义不变。只要使用业务逻辑层的同一方法进行复用，学科馆员就能确保数据与业务逻辑的一致性。可维护性可以被解释为软件维护成本的度量，即指维护人员在进行软件维护时需要付出的努力和时间，包括对软件进行理解、修改和改进的难易程度。通过 MVC 的架构模式，学科馆员可以将业务逻辑、显示层和控制逻辑分离，使软件结构更加清晰，方便进行后续的维护工作。

MVC 中的 M 是模型层，主要负责封装和处理与业务逻辑相关的数据。这一层还负责实现访问数据库及确保数据持久化的操作。在本平台中，我们使用 Ibatis 技术来实现数据持久化。V 是视图层，是连接人和机器的交互面，它能利用多种技术来完成显示操作，如传统的 HTML、CSS 等，通过浏览器就能够提供最基础的显示功能。C 代表控制器，它的主要职责是管理和控制整个业务逻辑的流程，功能比较单一。例如，选择合适的表示层来呈现结果，选择适当的业务逻辑单元来处理相关业务逻辑等，等。

三、高校智慧图书馆学科化服务平台的构建方式

（一）基于博客的学科化服务平台构建

博客，也被称为"网络日志""部落格"或"部落阁"，是一个通常由个人运营管理的、不定期发布新文章的在线平台。在图书馆领域，博客已经有

了足够的理论和技术上的普遍推广。然而在图书馆服务的实践领域，建立起面向读者提供学科化信息服务的图书馆博客，始终未能形成潮流。目前，随着图书馆界个性化、学科化服务的深入开展，已有越来越多的图书馆开始建设并运用交互良好的博客平台来提供优质的学科服务。

1.学科博客的建立方式

如今，学科博客平台包括以下3种建立方式。

（1）托管博客

托管博客，即利用第三方博客平台建设学科博客。这种博客使用方式方便、快捷，不用编制页面和维护系统，更无须任何硬件投入，只需申请注册、选择风格模板、建立分类和添加日志等简单操作即可提供服务。国内外很多综合性门户网站都提供这样的博客服务，如清华大学图书馆为本校新闻传播学院师生制作的学科博客就先后使用了搜狐、新浪提供的博客服务平台。

（2）利用博客软件自我搭建学科博客平台

在互联网信息共享的环境下，可以充分利用网上一些免费或者开源的博客软件，创建独立的学科博客网站。自己架设博客平台，需要投入一定的硬件和技术来开发和维护，如根据具体需求可以进行系统的二次开发，以体现各图书馆的学科建设特色。博客服务器可以选择采购专业服务器，也可以使用性能配置较高的个人计算机（建议采用性能比较稳定的商用机）。目前，大部分高校图书馆的学科博客平台多用这种自建方式，如上海大学图书馆和上海交通大学图书馆的学科博客系统都利用了开源博客软件。

（3）图书馆自行开发的博客系统

这种方式需要有一支很强的计算机、网络技术专业研发队伍，大多数的图书馆均缺乏这样的技术开发力量，目前还没有图书馆采用这种方式来建立学科博客平台。

2.学科博客软件的选择

在选择了博客平台的建设方式后，就需要选择合适的开源博客软件。博客软件是指用来创建和维护博客内容的管理系统软件。博客软件的种类很多，且大都是以免费的或开源的程序方式提供给用户使用。目前，博客系统软件采用的编程语言主要有ASP、ASP.NET、PHP、CGI、JSP等，后台数据库通常采用一些小型数据库如MySQL、Access、SqlServer等，通常以Apache、IIS等Web服务器软件作为网络发布平台。

3. 学科博客的功能模块

博客软件系统种类繁多，其设计模板和风格各有侧重，但一些统一的特点有别于其他网站。它支持多用户，有完善的后台管理机制，大多包含下列12个基本功能模块。

（1）文章（也称日志或帖子）的管理

文章的增加、删除及修改功能是系统最基础的功能。文章通常按照时间顺序逆向排列，即最新发表的文章显示在页面最上方位置。每篇文章都有相应的URL地址，点击此地址可以查看详细内容及留言情况并发表评论。

（2）标签系统

标签区别于以往的对文章的分类管理方式，以往一篇文章只能属于一个"分类"，而标签属于一个多元化的分类工具，一篇文章可以被指派多个标签而拥有多个分类，以便于信息的整理和查找。在博客系统中每篇文章都有它所对应的标签，而且点击标签可以浏览访问该标签内所有的文章。

（3）标签云图

有些博客系统提供了标签云图，标签云图中标签字体的大小是根据标签被标注的次数多少而决定的。被标注的次数越多，标签的字体就越大。透过标签云图的字体大小可以得知某标签的被关注度。

（4）分类功能

软件提供用户对文章的分类管理。分类功能根据博客的建设内容由博主自定。博客可以设定一个或多个类别，一般所有类别会显示在博客页面的导航栏中，且一篇文章只属于一个类别。读者点击某个类别，就可以阅读此类别下的所有文章，如将文章分为学科资讯、学术资源、个人感悟等主题。

（5）用户留言和评论系统

博客允许用户自由发表留言，允许对某篇文章发表评议，但是后台可以控制是否开启游客留言功能。这是博客与读者交流的主要方式，是博客的一个重要功能。对某个日志或帖子的回复评论活跃度，直接表达了读者的关注度和共鸣性。目前，多数博客的日志评论采用了Ajax技术，读者对日志做出评论之后，无须重载界面即可看到自己的评论。

（6）RSS网络聚合功能

该功能使用户不必登录博客网页，仅通过博客平台的RSS订阅功能，就可以在客户端借助所安装的RSS的阅读器获得最新的日志内容。读者点击博客页面上的 res、xml 或 atom 的小图标，就可以快速地实现订阅服务，从而便捷地阅读博客的更新内容。

（7）检索功能

博客软件一般都设有搜索框，并提供多种检索途径，使读者可以快速寻找到所关注的主题。例如，提供日志内容、标题、评论、发表时间等关键词的检索，使读者可以轻易地访问任何一篇文章。

（8）日历

几乎所有博客平台都有日历显示功能，翻阅日历就可以按日期查阅文章。而且日历上的每一个日期都可以是一个超链接（前提是该日期有过日志记录），点击它，系统就会显示出此日期发表的文章。

（9）存档功能

实现按日期的日志归档功能，根据博客发表的频率，一般按年、月进行博客文章的存档。

（10）访问统计功能

这是评判博客平台使用情况的根本依据，通过日志数量、访客数量、订阅数量、评论数量等统计信息，有助于获取博客的使用统计信息。

（11）模板选择

选择不同模板会有不同的页面设计效果，一般在大框架固定的前提下，可以调整和修改一些细节使之更具个性化，以建设各具风格的网站页面形象。

（12）用户管理功能

其主要包括博客系统用户注册、登录验证、密码找回、角色权限分配、参数配置等内容。

（二）基于 Wiki 的学科化服务平台的构建

Wiki（维基）一词来源于夏威夷语的"wee kee wee kee"，原意为"快点快点"。实际上，这是一项以超文本为基础的创新技术，这一超文本系统不仅支持面向社群的协作式写作，还配备了一套专门用于支持这种写作方式的辅助工具。

维基的独到之处体现在它的低成本、扩展能力强及维护的便捷性上。它可以为互联网用户提供一个开放且安全的平台，无需进行大规模软件部署，便能有效连接现有的网络基础设施。维基采用的是简洁的语法结构，可以迅速地创建、访问和修改超文本页面，同时不断地扩充了系统的功能。

在 Web2.0 环境下，高校智慧图书馆利用 Wiki 开展学科化服务，具有促进学科馆间、学科馆员间、读者间的沟通交流和知识传递，促进读者间的思想碰撞、知识分享，充分发挥维基的团队协作及社区服务等优势。其方式主要有以下 3 种。

1. 馆员—馆员 Wiki

高校智慧图书馆在虚拟平台上建立名为"馆员维基社群"的社群，旨在让相应的图书馆学科和普通馆员能在同一平台上，一起探讨工作中需要协作解决的问题，发掘馆员的潜力，将馆员们的隐性知识变得清晰明了，为实践提供指导。维基社群内拥有各种子社区，每个子社群里都是有着共同兴趣的成员，他们聚集在一起，探讨和解决自己领域所涉及的问题，并协同合作完成任务，每个人都享有表达意见和观点的自由。维基社群还可以建立交流平台，促进各领域、各业务范围的项目团队共同解决问题。另外，维基社群还能够开展其他活动，如分享业务心得、进行会议演讲、修改各种议案等。

2. 馆员—读者 Wiki

基于馆员—读者 Wiki 形式，馆员和读者可以在维基平台上进行合作撰写。读者可以发现问题并将其贴在上面。图书馆馆员会利用他们所学专业的知识，或搜寻和收集相关资料来回答这些问题，其他读者和馆员可以通过补充更多信息，进一步完善这个条目，使其更加全面、准确。这样一来，我们可以看到这个条目在不断完善，变得越来越有价值。维基收录的大量知识资料是具有价值的，是为其他人提供学习和参考的宝贵资源。除了创建主题门户，维基还能够创建专门针对某个学科的分支页面，将相关的下属类别整合进该学科的页面中。例如，我们可以将一本名为"IT 百科全书"的综合性计算机学科参考书籍，分为多个专业领域的分支，以不同的方向为标准，包括软件、硬件、网络、数码和电信等。读者可以根据个人需求访问他们感兴趣的、和专长相关的网站，以便获取知识并与同行互动。学科馆员和经验丰富的专家、学者可以利用他们所掌握的知识，在图书馆中解答相关问题，并不断完善该学科领域的资源建设。

3. 读者—读者 Wiki

基于这种形式，读者可以积极参与探讨问题并积极考虑如何开发资源，从而实现资源建设和使用的完美结合。读者—读者形式的核心是共同的兴趣和爱好，鼓励用户通过自己的主导作用和创造力来表达自己的观点和想法；

鼓励用户在充分的交流和碰撞的过程中，不断产生新的灵感和知识。学科馆员可以将其与图书馆主页链接起来，以便读者能够更便捷地登录。维基具有开放、协作的特性，能够使资源得到共同的完善和建设，且还可以为知识的交流与分享提供一个平台。

（三）基于学术期刊导航平台的学科化服务平台的构建

学术期刊导航平台建立的基础是电子期刊数据库，平台建立在图书馆的网站服务器上。建立该平台的目的是更全面地揭示学术期刊资源，方便读者更好地检索、使用，提高期刊的利用率，因此在平台的建设中要按照易用、实用、节省、有效的原则，抓住全面提示学术期刊资源、充分展示期刊资源的学术价值、提供完善的检索功能这3个中心理念。

1. 自建学术期刊导航平台

学术期刊导航平台发展初期，由于经费所限，很多图书馆无力引进异构统一检索平台来实现各数据库期刊论文一级检索的无缝链接，因此，大多数图书馆选择利用本馆现有的技术环境建立刊名级检索的导航系统。电子期刊富有生命力，具备很强的动态性，常常经历各种变迁，如调整全文提供的时间范围，电子期刊的购买会受到数据库供应商的变化所影响，以及出版商进行停刊、更名、新增、转让、合并、并入、拆分或取消电子版等操作，其中最后一种会改变电子期刊的URL地址等信息。图书馆可以选择委托供应商公司负责商用期刊导航平台的更新和维护工作，这样，图书馆馆员们只需根据本馆需求进行必要的设置即可，能够省去平台维护的烦琐工作。这样一来，图书馆工作人员可以集中精力对所有电子期刊库进行更新，而不必对每个库的变化分别关注，从而提高了工作效率，节省了时间和精力。这种做法还可以使图书馆更新维护变得更加轻松，且效果更加显著。如果图书馆决定自己研发学术期刊导航平台，那么他们将需要承担更多的工作。特别是电子期刊馆藏数量大幅增长，会导致手动更新与维护的方式难以应对繁重的工作量，工作人员将会面临巨大的压力，期刊数据质量也变得难以保证。此外，自行开发的学术导航平台不能保证满足读者对更为详细信息的需求，如期刊的评级信息、投稿规范等。

2. 选择商用的期刊导航平台

由于自建学术期刊导航平台的局限性，越来越多的图书馆意识到需要应用新的技术和系统以改进原有导航系统的维护和服务模式，于是选择购买专业的期刊导航平台软件来构建本馆的学术期刊导航平台。例如，复旦大学图书馆2005年购买的metaLib/SFX，该系统是一种适用于分布环境下异构资源整合管理的系统，能够实现跨库检索和提供引文链接。

（四）基于云计算的学科化服务平台构建

云计算可以说是分布式计算、并行计算和网格计算等计算机概念在商业领域中的实践发展。云计算是一种新型的共享基础设施，由于其强大的技术能力和应用前景，一直受到各大IT巨头的高度推崇。一般来说，云计算通常被视为一种商业计算模型，它可以利用互联网的高速传输能力，将数据处理从单一的个人电脑或服务器转移到互联网上的服务器集群。这个服务器集群是由巨大的数据中心管理的，而这个数据中心包含计算机、存储器及高速网络资源等各种设备。为了达到与超级计算机相同的性能水平，数据中心会根据客户的要求分配计算资源。

高校智慧图书馆引入云服务理念，给图书馆学科化服务的创新发展和知识服务的发展带来了新的契机。较之传统的学科服务平台，基于云计算的学科化服务平台具有以下3个优势。

1. 信息资源共享更加方便

基于云计算的学科化服务平台可以使各图书馆间的信息资源共享变得更为方便。在各自的机构空间中，学科馆员可以相互共享页面模板和页面内容，也可以通过RSS模块，检索和获取其他图书馆建设的学科信息源，或向其他图书馆申请其页面中的Box模块内容进行共享。

2. 系统服务更稳定

云计算借助庞大的服务器网络，具备出色的计算能力，能够快速响应图书馆用户的服务需求。通过云计算的弹性、灵活性和基于虚拟资源的服务，图书馆可以高效地满足用户的需求，能够为其提供优质的服务。云计算技术可以让人们通过互联网在任何时间获得所需信息，且无需依赖个人电脑或特定服务器。这样一来，用户获取信息的速度得到了显著提高。为了确保虚拟资源的高可靠性，学科信息服务采取云计算方案，并采用数据冗余技术。即使在服务器集群中有大量节点失效，相关应用程序仍然能够正常运行。

3. 信息服务更个性化

在云计算模式中，学科信息的数据存储在"云"中，"云"中的信息和服务应当始终以安全、便利的方式供用户随时随地获取。尽管"云"内有许多计算机可供使用，但对于"云"外用户而言，他们只需使用一般传统的接口界面来访问云服务，就可以像通过互联网来使用本地计算机一样轻松方便。

第三节 高校智慧图书馆学科化服务的建设与模式创新

一、高校智慧图书馆学科化服务的建设

（一）高校智慧图书馆学科化服务建设的必要性

学科服务的内容，最初主要是馆藏建设与发展、学科联络，近年来转变为强化与专业学习、科研、教学紧密相连的用户信息素养教育。随着出版业数字化、信息服务网络化、学术交流虚拟化的发展越来越快，高校智慧图书馆的学科服务面临的挑战和机遇也越来越多。

1. 有助于开拓图书馆新业务

随着大数据环境的兴起，网络数据技术的进步对图书馆产生了重要的影响，这也使图书馆必须进行转型和改革。数字图书馆建设、开放获取平台普及和移动用户数量的急速增长，这些因素促使高校智慧图书馆深入实施嵌入式服务模式。例如，北京大学图书馆主张将教学和科研相互融合。初景利教授提出了8个与"嵌入"有关的方面，包括目标、功能、流程、系统、时空、能力、情感和协同等方面的嵌入。

图书馆的重心逐渐转向学科领域，可以为用户提供更加深入、全面的学术支持服务。这将以多种方式实现，如提供指导咨询、提升信息素养、协助教学、发掘知识、维护知识产权、管理知识资产、管理数字学术资源、挖掘科学数据和提供专业学科知识服务。它们将成为图书馆的主要服务领域，而图书馆不再只提供传统的借阅服务，而是与协作式教育和研究密切合作，形成一个联动整体。

2. 有助于满足用户的潜在需求

要想让图书馆服务的用户受众满意，了解并掌握他们的需求是至关重要的。高校需要支持学科图书馆馆员在实现学科服务方面的创新和发展，并鼓励他们与学校的各门学科、基层单位及科研场所建立深入合作关系，积极与

用户互动。为了确保学科服务所达到的效果与用户需求保持一致，学科馆员需要深入了解用户的科研和教学流程，以此来充分发挥图书馆馆员的潜力和作用。

学科馆员在参与科研项目的全过程中，能够深入了解科研人员对与信息资源有关的特殊研究需求，特别是在获取数据资源方面。学科馆员有能力运用其在信息数据方面的专业知识，采取合作协同的方式，协助科研人员获取必要的资金支持。在持续的合作旅程中，学科馆员能够根据科学研究的需求，推出新的用户服务，以满足用户的内在期望。

3. 有助于加快图书馆转型

随着大数据时代的来临，高校智慧图书馆需要适应信息服务和文献服务的变革，因为知识的生产、存储和应用方式已经发生了巨大的变化。随着科研范围的拓展，数字化知识所涉及的领域也日益增多。因此，高校智慧图书馆需要提供更加多元化的服务来满足用户的需求，不能再仅依赖于传统的文献数据库。现在，人们可以通过多种方式获取科研知识，如使用Google、百度等搜索工具。这些工具可以帮助用户对知识进行整理、分析、重新组织和推广。随着知识服务时代的兴起，图书馆不得不进行转型，以适应新的需求。

学科馆员致力于提供学科服务，他们将学生的学习环境、教师的教学环境和科研人员的科研环境融合在一起，协助他们解决在学习、教学和科研过程中遇到的问题，发掘其中隐含的知识，进而推动服务的更新升级。

（二）智慧化学科服务建设的主要内容

智慧化学科服务秉持以人为本的理念，以科研人员的需求为出发点，精心制定和设计服务内容和方式，以实现人性化服务的目标。它以最先进的信息技术设备、工具和技能为基础，以客户的需求为导向，能够提供高质量的信息科技服务。在此，笔者重点讲述的是针对从事科研和教学工作的用户，为其提供特定的服务，以满足他们在自己学科领域内的需求。这些服务涵盖了不同方面，其中包括资源搜索和使用指导、数据获取和处理技巧及学科知识和信息支持。此外，智慧化学科服务还能提供决策支持服务，包括数据分析和挖掘，还可以提供基于数据的个性化服务和回馈。

1. 基于资源搜索与使用的参考咨询服务

利用大数据的开放性、跨界连接性和数据获取性，我们可以对图书馆进行分析和挖掘，从而为其提供信息参考和预测依据，还可以为其提供咨询服务。随着大数据时代的兴起，为了更好地迎合教育和科研的需求，大数据分析技术的采用是一种可行的解决方案。我们可以利用机器学习、数据挖掘和统计分析等工具，深入了解教学和科研用户的数据需求和遇到的问题，也可以及时回复用户的问题，并根据用户需求为其提供最优的数据应用解决方案。

2. 基于数据获取与处理的数据素养服务

在当前大数据时代，人们已经认识到，数据不再是唯一的目标和结果，它的真正价值在于人们如何对其加以运用，而不只是拥有它。所以，随着大数据时代的到来，学科馆员应主动为用户提供数据素养支持，协助高校师生获取和加工数据，发掘数据的潜在价值，并增强数据利用效率。数据素养服务的核心目的在于增强人们在数据处理和运用方面的技能水平，其中包括对数据进行解读、管理、利用和评估等各个方面的技能，还包括数据的道德伦理修养和数据获取。学科馆员需要具备识别、评价和利用信息和数据的高效能力和意识。

3. 基于文献信息与数据的学科支撑服务

以大数据为背景，高校智慧图书馆正利用数字化图书馆的普及，通过学校网络、数据服务商和电子资源等网络技术，不断拓展可供用户使用的资源和信息量。然而，为了确保学校的教学和科研机构获得准确的信息资源，高校需要重新设计图书馆的服务计划和途径，要依靠现代信息技术和高素质的馆员，提高图书馆的服务水平。以文献信息为基础，高校智慧图书馆利用大数据技术，能够为教师、学生和科研人员提供差异化的学科支持服务，进而有目的地提升用户的教学、学习和科研水平，实现教学和科研目标，促进学科建设。

4. 基于数据挖掘与分析的决策支持服务

在当今信息化的时代背景下，对科研数据成果进行整合和分析，对于学校学科的建设和发展有很大的积极影响。在做出校园资源分配和发展方向决策时，高校应该全面考虑来自信息分析和知识服务的丰富信息。高校智慧图书馆通过充分利用其丰富的文献和数据资源，并利用图书馆馆员的专业技能和情报分析方法，能够向管理决策者提供决策支持服务，还能够满足管理部门的需求，通过多种途径收集、整理和分析信息和数据，最终提供全面的决策知识产品。此外，决策支持服务旨在快速提供详尽的信息，以协助管理层做出明智的决策，并节省大量时间。这项服务的主要覆盖范围包括四个方面：第一，针对科学研究数据的收集和整理提供基本数据服务；第二，强调基于实际情况的高级检索服务；第三，用于全面分析的综合研究报告服务；第四，深层挖掘的前沿性预测服务。

5. 基于数据服务与反馈的个性化服务

在大数据时代，个性化服务已经成为学科服务必然的发展趋势。这种服务模式能够针对不同的科研工作者和师生的多样化教学与科研需求，提供最准确的信息资源，使用户能够更加高效地完成工作。该模式的目标是建立一个系统来监测用户需求和掌握用户的研究方向，并为用户提供数据资源服务、促进图书馆与用户之间的沟通与互动、为用户提供持续的帮助与支持，并有效地解决用户所面临的困难。个性化服务模式的核心功能包括：根据用户自有的个性化数据信息，进行监控和提醒；提供科技研究和论文引用核对服务；在多个数据库中进行数据资源查询的服务。

二、高校智慧图书馆学科化服务的模式创新

（一）以引导自助服务为基础的创新模式

智慧图书馆的自助服务以用户为中心，致力于提供个性化的信息服务，充分尊重用户的主权和个性需求，并保护用户的隐私。除此之外，智慧图书馆的自助服务着重强调用户的自我意识提升，并鼓励他们积极地参与其中。高校智慧图书馆需要通过智慧图书馆的自助服务系统，提供标准化和基本化水平的服务。

导览式自助服务模式力求帮助用户更自主地参与服务，使图书馆服务更高效、更智能、更便捷，致力于优化高校智慧图书馆资源配置，努力建设以自助服务为核心导向的现代化高校智慧图书馆。该服务系统由自助借还系统、自助检索系统、自助缴费系统、自助打印系统、学习空间自助预订管理系统、自助座位管理系统、基于FRID的自动定位系统、网络自助服务和移动自助服务等部分组成。

（二）以整合共享服务为核心的创新模式

把整合共建共享模式作为智慧图书馆的核心，能够非常有效地连接和取

得图书馆和信息服务平台所提供的大量特色文献资源和数字资源，这对于图书馆建设而言是一个非常重要的贡献。使用图书馆的用户可以通过集群和协同两种方式，整合获取所需的信息资源和服务，体验方便高效的"一站式"服务。

集群服务模式分为基于平台的服务集群和基于空间的服务集群。在基于平台的服务集群中，我们可以使用各种方便、实用的工具，如查询Web服务、获取资源、进行信息导航、自定义个性化设置、接收推送通知、使用移动服务、享受位置服务、参考咨询等，以便更好地实现目标。该项目的宗旨在于方便用户获取图书馆资源和服务，且所有服务都在同一平台上提供，无需用户在多个系统中查询或操作。基于空间的服务集群指的是将图书馆的资源、服务、设备集成在一个地方，使用户可以在同一地方获取图书馆内的信息资源和服务。此外，由于基于空间的服务集群无须跨部门获取，因此对于图书馆设备设施的使用更加便捷。

（三）以个性开放服务为重点的创新模式

智慧图书馆服务显著的独特之处在于它能够根据用户的信息需求，为其提供精准的信息服务，且关注服务与用户环境的协调程度。这种服务不仅开放、无障碍，而且使用方便、易于用户进行沟通和互动。通过将用户的行为信息、馆藏文献信息和用户信息相结合，个性开放模式可以建立一个用户系统模型，准确地反映用户的个性特征和需求特征。这种模式可以智能识别用户所在的位置、职业、学习和研究领域，能够为用户提供相关的各种信息服务，让用户享受到全方位的个性化服务，实现一站式服务。

互联网的智慧技术在很大限度上使高校图书馆的服务空间、服务时间、服务方式得到了完善，极大地提高了高校图书馆的透明度、开放度，如用户接入图书馆服务不受地点、时间、方式方法的限制。高校图书馆通过实施具有个性和开放性的服务模式，强调了用户价值的重要性，其"用户参与交互"和"价值创造"的核心理念有助于图书馆创造开放和创新的空间，能够有效激励用户的参与，并通过融合用户的先进想法，提升了自身的公共价值水平。

个性化开放服务主要以个性化知识服务和个性化移动图书馆服务为核心模式。个性化知识服务模式主要包括三个部分：整合集群个性化知识发现平台、个性化学科服务和个性化定制推送服务，地理位置和特定情境的移动信息服务，以及移动个人图书馆服务。在这些新技术中，移动图书馆是最有潜力的应用之一。该技术的显著特点是通过匹配用户的实际情境信息，识别用户的需求、兴趣和聚类参数，并利用这些参数向用户推荐有针对性的资源和服务，而不是直接满足用户的信息需求。在当今社会，社交变得越来越频繁，如果能够获得更多的用户情境信息，就可以进一步满足用户的个性化需求。此外，用户自发建立交流空间或鼓励用户在空间中参与相关活动，可以实现图书馆虚拟空间与物理空间的三维互联与融合。

（四）以公共智慧服务为导向的创新模式

公共智慧是人类社会各类公共主体在探索和发现问题、系统解释问题和妥善解决问题的过程中所表现出的能力和认知水平。公共智慧服务的核心理念是化知识为智慧。有学者认为，公共智慧服务是个体将客观的、外在的、他人的、情境的知识转化为自身的理性智慧、价值智慧和实践智慧的过程。图书馆公共智慧服务作为公共智慧服务的一种特殊类型，是现代图书馆追求的价值目标，是现代图书馆建设的核心宗旨，对现代图书馆知识服务的发展具有重大意义。随着科学技术的不断发展，通过建立智慧图书馆为公众提供智慧化服务已经成为图书馆未来的发展趋势。高校智慧图书馆基于智能信息技术的嵌入式、协同式、启发式、关联式等公共智慧服务，可以有效地提高用户的智慧水平，凸显人类知识的可持续实践价值。

第四节　高校智慧图书馆学科化服务的发展趋势
——泛在图书馆

一、泛在图书馆概念的提出

泛在图书馆一词首先出现在20世纪初。"Ubiquitous"（广泛存在的，无所不在的）这个词源于拉丁文中的"Ubique"（到处、处处），表示在所有地方都存在、出现或被发现，也可以被描述为无处不在或各地遍布。目前为止，国外的图书馆学情报学领域尚未确定一个明确的框架，不能完整地呈现"全响应式图书馆"的概念。很多学者试图从不同的视角来解释这个新词语。

特别值得一提的是马里兰大学的图书馆馆长于2005年专门撰文阐明"泛在图书馆"的概念，指出"泛在图书馆"是一个比虚拟图书馆、数字图书馆、电子图书馆更加贴切的形容未来图书馆的专业术语，并且强调拥有这样一个具有特殊意义、能够与时俱进的术语去描绘图书馆的现在和未来是非常重要的。[①]

二、泛在图书馆的概念及特征

（一）泛在图书馆的概念

泛在图书馆是一种新型的图书馆理念。泛在图书馆有时被称为"渗透性图书馆"或"弥散式图书馆"，这是国外的一些人用来描述它的术语。尽管它被称为不同的名称，但实际上，这些名称所描绘的都具有图书馆的共同特征，也就是每个人都可以在任何时间和地点利用图书馆所提供的信息资源和服务。泛在图书馆具有重要意义，因为它消除了传统物理与数字图书馆之间的界限，重新定义了图书馆的概念，并拓展了图书馆的功能。它将用户置于中心位置，根据用户需求和行为模式来提供服务，确保图书馆的服务能够完美地融合到用户的学习和科研活动中。此外，泛在图书馆还可以更好地满足用户的需求，紧密配合用户的需求并积极与用户互动，成功缩小了图书馆与用户之间的差距。通过这样的方式，图书馆能够促进双方之间的合作，使双方更有效地合作，以达到更符合用户需求的新平衡状态，最终确保用户随时随地都能够方便地使用图书馆的服务。这表明，泛在图书馆的核心意义并非其属于新的理念，而是其凸显了图书馆的根本属性和未来的发展趋势。它所具备的广泛含义，传统方式难以准确地全部概括。泛在图书馆完全消除了图书馆服务的各种限制，并通过流畅、互动的手段将服务延伸到用户日常生活的各个领域，真正实现了图书馆服务的本质、担负起了社会责任。这种全面综合的数字化信息设施将是未来知识型社会中不可或缺的重要构建要素。

（二）泛在图书馆的特征

1. 以人为中心

根据一些学者的观点，建立知识网络意味着理性地分析和组织涉及服务

---

① 刘小景：《泛在图书馆理念下的图书馆移动信息服务研究》，《图书与情报》2011年第4期，第72—74页。

活动的人员（包括服务提供者和接受者）、资源以及二者之间的相互作用，以实现服务价值。人、资源以及二者之间的协同作用是这种网络的核心要素，有益于知识的创新和传递。知识网络通过互联网连接人与人之间的联系，能够推动知识的流通、分享、创新和应用。在泛在图书馆中，数字信息服务的基础建构已经从以数字化资源为核心的资源网络，演变为以人为中心的知识网络，而且这种变革正在广泛推进。在这种服务环境中，各种系统、功能和服务的设计和提供由人们的需求所驱动。另外，这些系统、功能和服务也可以监测并评估用户的兴趣和行为，然后作出相应的反应，从而协助用户顺利完成学业和工作。

2. 高度智能化

泛在图书馆是一种高度智能化的图书馆，它利用泛在网络、泛在计算和泛在智能技术来整合多种元素，包括硬件、软件、系统、终端和应用。类似于泛在网络和泛在学习，泛在图书馆的构建能够为人们提供更为便捷和高效的阅读体验。泛在图书馆注重信息与知识的"语境"，主要关注知识和知识元素之间的相互关系，同时重视知识在其从创造、获取、传播、整理到利用整个过程中的作用。用户在使用泛在图书馆的知识服务时，往往难以意识到其存在，因为泛在图书馆的服务属于隐性的，它可以通过感应器和终端设备将信息传输到外部，并利用网络和语义技术对原始数据进行深入分析，从而构建基于行业或学科的知识库，为用户提供个性化的知识资源。通过这种实时、流畅的知识整合方式，图书馆可以将各种相关媒体信息的各种形式、类型和非结构化内容融合在一起，从而实现用户对知识和信息的最大化再利用。在这种情况下，泛在图书馆网络资源库中的所有书籍和文献不再是独立存在的，它们的内容都能够相互联系和交流，形成一个变化的组织结构。在每本书中，所有词语都有可能被相互引用、提取、排序、分析、注释、混合和重组，这能够扩展知识领域，为用户带来更深刻的理解；所有网页都能互相交换信息，其中包括各种形式的媒体资源，如音频、视频、图像及虚拟现实等；每个比特（信息量单位，Bit）都能与其他比特相互作用，共同形成一个互相关联、易于传播、可供共享的信息环境和知识体系。

3. "无所不在"性

泛在图书馆的核心理念在于为用户提供便利的服务，力求无论用户身在何处，都可以享受到图书馆提供的服务，以实现随时随地的访问。泛在图书馆信息服务的形式非常多样，除了传统的实体图书馆服务，还能让用户在实验室、旅途中或虚拟社区中使用。这种服务方式充满了活力、动态性和互动性，且自然流畅，几乎没有任何障碍。用户对图书馆信息的主要需求是使用方便、高效、无阻碍，这也是泛在图书馆的主要目标。泛在图书馆在提供信息服务方面采用多种载体和途径，能够让用户灵活地选择传统的电脑和笔记本电脑，或是使用智能手机、平板电脑等各种设备，实现了信息获取的多样性和便捷性，可谓"无处不在"。

三、泛在图书馆与学科化服务

学科化服务是一种创新的服务方式，旨在应对充满变化的信息环境，能够以满足用户需求为中心，为用户提供更贴心、更贴近实际操作的服务。它对科技信息的组织方式进行了创新，颠覆了过去单纯依赖文献工作流程的做法。换言之，它以科学研究的范围、专业领域、计划主题等为基础，采集、整合、检索、储存、分享并提供信息资源，实现信息服务学科化与服务内容知识化。学科服务以后续的学科馆员培训为纽带，采用网络、电话、研究所、课题组、实地、社区等多种服务平台，扩大图书馆的服务范围，覆盖更多用户，并与用户的科研过程相融合。综合性的泛在图书馆理念要求学科化服务得到落实，进而展现泛在图书馆的多种功能，并创建一个涵盖各学科的服务平台。以下四点是其具体的体现。

（一）从图书馆的学科馆员到用户的学科馆员

传统学科馆员通常从图书馆服务相关业务出发，着重于特定服务领域。他们会收集、整合并评估某一学科领域的在线资源，并创建链接索引。此外，他们还负责提供针对特定用户的培训，以帮助用户更好地利用图书馆资源，并帮助用户执行相关文献检索等任务。传统学科馆员专注于本地社区，主要提供实体服务。这种服务模式通常是单向的，只提供被动的信息服务。而现代的泛在图书馆的主要目标是学科化服务，即以用户为中心，将信息服务作为科研活动不可或缺的一部分，而非只是一个独立的第三方系统，并与图书馆的环境紧密相连。学科馆员的服务定位和服务模式已经发生了转变。作为学科馆员，他们需要应对的挑战在于如何将海量的信息融合为一个有机的知识系统。此外，他们还应该协助用户扭转"信息泛滥，又欠缺深度"的局面，积极关注科研用户的工作，始终以精准的服务为其提供科研支持。学科馆员的终极目标是向科研用户提供有学科特色的知识服务，他们需要采用泛在服务方式来满足用户的需求。

（二）从以利用图书馆为目标到以利用信息和知识为目标

随着数字化网络信息环境的不断改善，科研人员对于信息的需求已经不再局限于仅能从图书馆获取信息，他们需要通过多种途径以不同方式获取各种不同载体上的信息和知识。他们利用图书馆为主要目标的单一信息行为逐渐转向以利用广泛存在的信息和知识为主要目标的信息获取行为。传统的图书馆概念已经逐渐消失，并正在被更具超越时空特性的泛在图书馆服务机制所替代。

站在学科馆员的立场上，他们作为用户信息服务的首要责任者，不能仅从图书馆的视角出发，简单地向用户推荐某个图书馆的信息资源。只有当用户真正感觉到自己的需要的时候，图书馆的信息资源才能实现自身价值。学科馆员的职责不只是推销某个图书馆，更重要的是将广泛的信息进行系统化和知识化处理，并利用多种服务模式来协助用户创造他们所需的信息空间。

（三）从各自为政到协同工作

传统学科馆员的信息服务模式主要以独立为特色，他们一般会专注于为自己所管理的学科领域提供服务。随着科技的飞速发展，学科之间相互渗透、交叉并融合的趋势日益明显，这也导致了信息环境的日益繁杂和多变。因此，科研用户对于专业化服务的需求变得更加迫切。各部门单独运作的模式已经不能够满足用户在不同学科领域及深度上对信息的需求，在当下的信息社会中，泛在图书馆需要采用一种全新的组织结构和团队协作方式来提供服务。只有采用这种方式，泛在图书馆才能在实现协作功能的同时，建立一个涵盖所有员工和部门的服务网络，进而更好地体现泛在图书馆"7×24"的服务特点。这种服务模式必须具备跨越地域和学科领域的能力以及深入的学科服务能力，要能够随时随地支持科研人员所需。这就要求图书馆与学科馆员、其他部门、各个图书馆及总、分馆实现协同合作，同时还需要实现跨学科领域之间的合作。例如，中国科学院国家科学图书馆就可以为用户提供多种服务，包括传递原始文献、提供即时参考咨询和进行馆际互借等服务，能够满足用户的多种需求。

（四）从信息中介到科研合作伙伴

传统学科馆员起着将信息与用户连接起来的桥梁作用。他们是图书馆与用户之间的"中介"，负责推进馆藏资源和用户需求之间的衔接，并负责担任图书馆的联络员。在泛在图书馆本身资源丰富的情况下，学科馆员依然需要充当信息筛选、组织、加工等方面的中介，以提供对用户有价值的服务和资源。另外，学科馆员还要以合作伙伴的身份积极参与科研工作，与主要科研用户保持紧密联系，并了解他们的学科需求，紧跟学术研究动态，并能够使用信息分析工具进行定量和定性分析，为广大用户提供有关学科发展现状、比较研究和发展趋势的信息，这些信息对用户确定科研战略至关重要。

参考文献

[1] 白晓燕:《智慧图书馆建设与应用实践》,吉林人民出版社 2022 年版。

[2] 阚丽红:《智慧图书馆建设与服务创新研究》,吉林文史出版社 2021 年版。

[3]《图书情报工作》杂志社:《智慧城市与智慧图书馆》,海洋出版社 2018 年版。

[4] 刘旭晖:《高校图书馆智慧化学科服务研究与应用》,中国原子能出版社 2020 年版。

[5] 李晓玲、王一丹、赵勇宏:《高校图书馆智慧化管理与服务体系构建》,吉林大学出版社 2021 年版。

[6] 高红霞:《"互联网+"时代高校图书馆智慧化建设研究》,辽海出版社 2019 年版。

[7] 朱建军:《高校图书馆服务与育人职能研究》,吉林文史出版社 2022 年版。

[8] 刘乐乐、杜丽杰、张文锡:《图书馆管理与服务》,吉林人民出版社 2019 年版。

[9] 高伟:《图书馆建设与阅读服务管理》,吉林人民出版社 2021 年版。

[10] 严潮斌、李泰峰:《高校图书馆资源与服务体系建设研究》,北京邮电大学出版社 2015 年版。

[11] 农艳春:《大数据时代高校图书馆服务工作研究》,吉林大学出版社 2018 年版。

[12] 严栋:《智慧图书馆概论》,辽宁师范大学出版社 2021 年版。

[13] 王东亮:《智慧图书馆与阅读推广工作研究》,中国国际广播出版社 2021 年版。

[14] 李杏丽:《智慧社会建设背景下大数据与图书馆管理研究》,吉林摄影出版社 2022 年版。

[15]《智慧图书馆探索与实践》编委会:《智慧图书馆探索与实践》,国家图书馆出版社 2021 年版。

[16] 崔芳、彭美玲:《智慧时代的高校图书馆服务创新研究》,《佳木斯职业学院学报》2023 年第 9 期。

[17] 赵凤鸣:《5G 环境下高校图书馆智慧转型与策略研究》,《牡丹江教育学院学报》2023 年第 7 期。

[18] 姜珊:《高校智慧型图书馆服务模式策略研究》,《文化产业》2023 年第 1 期。

[19] 林立:《数据驱动的高校图书馆管理系统构建:以闽江学院智慧图书馆管理系统为例》,《兰台内外》2023 年第 1 期。

[20] 曾小红:《高校图书馆智慧化建设的路径探析》,《传播与版权》2023 年第 3 期。

[21] 叶海汕:《高校智慧图书馆智慧服务功能及效用研究》,《河南图书馆学刊》2023 年第 1 期。

[22] 詹茜华、刘彪:《互联网背景下高校智慧图书馆发展探究》,《智慧中国》2022 年第 7 期。

[23] 刘楚楚:《以用户为中心的医学高校图书馆智慧服务模式构建》,《数字技术与应用》2022 年第 6 期。

[24] 包鑫、徐青、聂吉冉等:《智慧校园中的高校智慧图书馆建设》,《四川图书馆学报》2022 年第 3 期。

[25] 温静:《"互联网+"时代高校智慧图书馆建设研究》,《中国报业》2022 年第 10 期。

[26] 王世伟:《论智慧图书馆的三大特点》,《中国图书馆学报》2012 年第 6 期。

[27] 夏立新、白阳、张心怡:《融合与重构:智慧图书馆发展新形态》,《中国图书馆学报》2018 年第 1 期。

[28] 梁光德:《智慧服务:知识经济时代图书馆服务新理念》,《图书馆学研究》2011年第11期。

[29] 柯平、邹金汇:《后知识服务时代的图书馆转型》,《中国图书馆学报》2019年第1期。

[30] 谢芳:《论高校智慧图书馆的功能与构建》,《图书馆学研究》2014年第6期。

[31] 初景利、赵艳:《图书馆从资源能力到服务能力的转型变革》,《图书情报工作》2019年第1期。

[32] 刘小景:《泛在图书馆理念下的图书馆移动信息服务研究》,《图书与情报》2011年第4期。

[33] 冷瑞:《高校图书馆智慧化学科服务影响因素研究:以天津市高校为例》,天津师范大学2022年硕士学位论文。

[34] 陈心怡:《基于大数据的高校图书馆智慧搜索服务模式研究》,天津理工大学2022年硕士学位论文。

[35] 翟丽丽:《我国高校图书馆智慧服务质量评价研究》,河北大学2021年硕士学位论文。

[36] 初霭:《国内高校智慧图书馆服务平台建设研究》,黑龙江大学2021年硕士学位论文。

[37] 何志平:《高校智慧图书馆管理平台的研究与实现》,浙江工商大学2020年硕士学位论文。

[38] 刘瑶:《高校图书馆智慧转型中的管理问题研究》,山东大学2019年硕士学位论文。

[39] 李民:《基于智慧推荐的高校智慧图书馆服务模式研究》,天津理工大学2017年硕士学位论文。

[40] 郭素君:《高校智慧图书馆信息服务系统设计与实现》,河北农业大学2015年硕士学位论文。

[41] 陈巧玲:《智慧时代国内高校图书馆服务创新研究》,福建师范大学2014年硕士学位论文。

[42] 鞠美杉:《高校图书馆育人功能研究:以沈阳师范大学为例》,沈阳师范大学 2020 年硕士学位论文。

[43] 于兴尚:《智慧图书馆技术模型构建研究》,黑龙江大学 2019 年硕士学位论文。

[44] 杜宸宇:《基于情境感知的智慧图书馆服务模式研究》,华中师范大学 2018 年硕士学位论文。

[45] 吴朋有娣:《智慧馆员能力评价体系研究》,东北师范大学 2018 年硕士学位论文。

[46] 吉洁贝:《大数据时代高校图书馆的阅读推广策略》,《中国文化报》2022 年 1 月 7 日第 7 版。

[47] 欧阳俊哲:《新时期高校图书馆思政教育融合发展路径初探》,《中国文化报》2022 年 1 月 4 日第 3 版。

[48] 刘奕锋:《开放高校图书馆 共享优质教育资源》,《四川政协报》2014 年 12 月 11 日第 1 版。

[49] 张妮:《高校图书馆转变思路各出奇招》,《中国文化报》2013 年 6 月 24 日第 7 版。

[50] 刘婵:《高校图书馆该不该敞开大门?》,《中国文化报》2010 年 8 月 5 日第 7 版。

[51] 郜云雁:《数字阅读推动高校图书馆发展》,《中国教育报》2009 年 4 月 23 日第 6 版。

[52] 韩晓玲、石静远、刘中兴:《高校图书馆力推个性化服务》,《湖北日报》2008 年 7 月 1 日第 4 版。

[53] 韩晓玲、刘中兴:《高校图书馆将建"数字联盟"珍贵特藏书籍不再"睡大觉"》,《湖北日报》2006 年 10 月 1 日第 4 版。

[54] 魏玉洁:《高校图书馆信息化面临窘境》,《经济日报》2004 年 11 月 3 日第 12 版。

[55] 舒晋瑜:《智慧图书馆:全媒体阅读时代的文化粮仓》,《中华读书报》2022年11月16日第8版。

[56] 谭志红:《迈向"阅读之城""智慧图书馆之城"》,《中国文化报》2022年11月8日第6版。

[57] 孙传月、张秀华:《5G时代智慧图书馆建设》(https://baijiahao.baidu.com/s?id=1778083068195984316&wfr=spider&for=pc)。

[58] 郭耀红:《图书馆建设智慧服务体系 提升文献信息智慧服务能力》(https://news.ncepu.edu.cn/xysx/474b6b7023b946b495f3bbd2c47f3197.htm)。

[59] Zhang Q, "Research on the Service of University Smart Library in Smart Society", *World Journal of Education and Humanities*, Vol.4, 2022.

[60] Xu X, "Exploration of the Feasibility of Applying ChatGPT in the Field of Smart Libraries", *Information and Knowledge Management*, Vol.4, 2023.

[61] Xiaojun L, Xiaohua S, Rong X, et al, "Evaluating E-book Vendors in the Era of Smart Libraries", *Library and Information Science Research*, Vol.45, 2023.

[62] Sun M, "The Research on the Development of Smart Library", *Applied Mechanics and Materials*, Vol.3253, 2014.

[63] Zhang Q, "Research on the Service of University Smart Library in Smart Society", *World Journal of Education and Humanities*, Vol.4, 2022.

[64] Cui J, Zhang F, "UHF RFID Label Nanometer Printing Technology and Its Application in Smart Libraries", *Tehnički Vjesnik*, Vol.24, 2017.

[65] Won B M, "Design and Implementation of Smart Library System for Multi-tenant Environment Using Software on-demand", *Convergence Society for SMB*, Vol.6, 2016.

[66] Tripathi S, Singh K M, Tripathi A, "Smart Library for Smart Cities", *SRELS Journal of Information Management*, Vol.53, 2016.

[67] Kude N, Mankar S, Thakre S, "Advantage of ICT for Smart Librarianship", *International Journal of Innovative Research and Development*, Vol.3, 2014.

[68] Xu X, "Exploration of the Feasibility of Applying ChatGPT in the Field of Smart Libraries", *Information and Knowledge Management*, Vol.4, 2023.

[69] Zhao L, "Construction of Library's Smart Ecosystem in the 'Smart+' Era", *International Journal of Frontiers in Sociology*, Vol.3.0, 2021.

[70] Chen J, "Research on the Reading Promotion Model of Universities Based on Smart Libraries", *International Journal of New Developments in Education*, Vol.5, 2023.

[71] Xiaocheng L, "Smart Library Transformation Research Empowered by AIGC Technology", *The Frontiers of Society, Science and Technology*, Vol.5, 2023.